ようこそイタリアへ
Benvenuti in Italia.
ベンヴェヌーティ　イン　イターリャ

イタリア国旗
緑は希望、白はカトリック信仰、赤はイタリア統一運動で流された血を表している

ローマのトレヴィの泉
イタリアの地は、数々の映画の舞台としても知られる。トレヴィの泉はフェリーニの「甘い生活」で有名

アマルフィ
土地の名前がそのままタイトルになった映画「アマルフィ 女神の報酬」の舞台として、日本でも有名に

ヴェネツィア、リアルト橋
ヴェネツィアは、ブラッド・ピットとアンジェリーナ・ジョリー主演の映画「ツーリスト」の舞

タオルミーナ
「グラン・ブルー」の舞台として知られる

イタリアの地図
Cartina dell'Italia
カルティーナ　　　　デッリターリャ

首都	ローマ
時差	日本との時差は－8時間。日本が正午のときイタリアは午前4時。※サマータイム期間（3月末～10月末）は－7時間。
ビザ	観光目的なら90日以内の滞在はビザ不要。
政体	20の州、110の県からなる共和国。

ヴァッレ・ダオスタ Valle d'Aosta
ロンバル Lomba
ミラノ
ピエモンテ Piemonte
リグーリア Liguria
サルデーニャ Sardegna

ワイン醸造場のワインセラー　特にヴェネト州、ピエモンテ州、トスカーナ州がワインの産地として有名

ミラノのドゥオモ

トスカーナの田園風景

ヴァティカン市国

「死にゆく町」チヴィタ・ディ・バンニョレッジ

カゼルタの18世紀の王宮と公園

トレンティーノ・アルト・アディジェ
Trentino Alto Adige

フリウーリ・ヴェネツィア・ジューリア
Friuli Venezia Giulia

ヴェネト
Veneto

ヴェネツィア

ボローニャ

エミリア・ロマーニャ
Emilia Romagna

フィレンツェ

トスカーナ
Toscana

マルケ
Marche

ウンブリア
Umbria

アブルッツォ
Abruzzo

ローマ

ラツィオ
Lazio

モリーゼ
Molise

プーリア
Puglia

ナポリ

カンパニア
Campania

バジリカータ
Basilicata

カラブリア
Calabria

シチリア
Sicilia

ヴェローナの野外劇場、アレーナ

ドロミーティの渓谷

フラサッシの鍾乳洞

ボローニャのポルティコ（アーケード）は、町のいたる所で見ることが出来る

「〜の洞窟」で有名なカプリの、美しい海

シチリアの「トルコ人の階段」と呼ばれる白い岩浜

イタリアの世界遺産
Patrimonio dell'umanità
パトリモーニオ　　　　　　　デッルマニター

2015年現在、イタリアには51の世界遺産が登録されており、その数は世界一を誇る。

ポンペイ、エルコラーノ、トッレ・アヌンツィアータの遺跡地域

ミラノ、サンタ・マリア・デッレ・グラッツィエ教会の、レオナルド・ダ・ヴィンチ「最後の晩餐」

シエナ歴史地区、カンポ広場

ナポリ歴史地区

フィレンツェ歴史地区、ドゥオーモ

アグリジェントの遺跡地域、「神殿の谷」

ポルタ・ヴェーネレ、チンクエテッレと小島群

ピサのドゥオーモ広場、ピサの斜塔

アルベロベッロのトゥルッリ

マテーラの洞窟住居（サッシ）

イタリアの料理
Specialità italiane
スペチャリター　　　　イタリアーネ

ピッツァ・マルゲリータ

北イタリアの名物、リゾット

前菜の盛り合わせ

魚介のフリット

日本でも有名な
イタリアのお菓子、
ティラミス

ミートソースのタリアテッレ

写真提供：You and Florence
日が暮れても買い物客でにぎわうメルカート（市場）

ショッピングを楽しむ人たちが行きかう、ローマのコンドッティ通り

写真提供：Miki-Traveller
ミラノのショッピングストリート、モンテナポレオーネ通り

イタリアの革製品は品質が高いことで有名。とくにフィレンツェには、バッグや手袋、靴などの皮革製品の店が数多い

写真提供：You and Florence

写真提供：渡辺満 氏
色鮮やかな伝統工芸品を売る店

ショッピング
shopping
ショッピング

エンターテイメント
intrattenimento
イントラッテニメーント

スカラ座やフェニーチェ劇場、サン・カルロ劇場など、
イタリアには数々の素晴らしいオペラ劇場がある

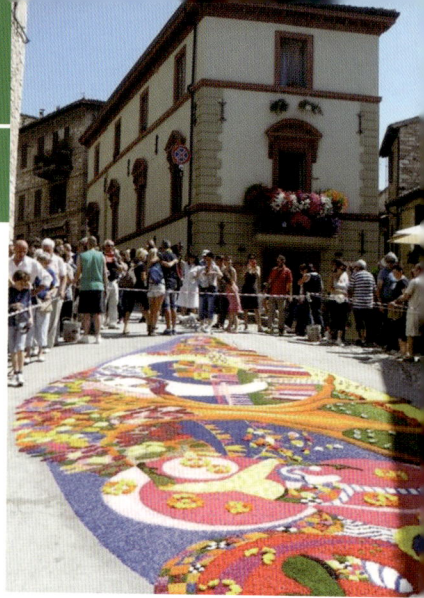

小さな町スペッロの花祭り「インフィオラータ」

ヴェネツィアのカーニバル

毎年7月に開催されるフェスティバル、ウンブリア・ジャズ

「サンシーロ・スタジアム」での
サッカーの試合

10フレーズで
楽しいイタリア旅行を

　ヨーロッパの南、地中海の真ん中に位置する国、イタリアは、文化や芸術、料理によってその名を知られ、愛されています。洗練されたファッションや卓越したセンスが生み出される国であり、レオナルド・ダ・ヴィンチ、ミケランジェロ、カラヴァッジョ、ジュゼッペ・ヴェルディ、ダンテ・アリギエーリといった、世界に名立たる芸術家たちの故郷でもあります。

　ひとくち、またひとくちと、バラエティーに富んだ食の伝統に触れるたび、皆さんはイタリアにすっかり恋をしてしまうでしょう。

　陽気で親切なイタリア人に話しかけてみましょう。そして、その豊かな文化の、ほんの小さな一面も見逃さないで、思いっきりイタリアを楽しんでください。

　本書は10の基本フレーズからとりかかり、旅行の場面場面に対応した会話文を、各項目の「基本フレーズ」と「言い換え単語」で作れるように工夫されています。すぐに使える定番表現や単語も多数、収録しました。

　また、すべてのイタリア語フレーズ、単語にカタカナ読みが添えてありますので、初心者でも安心です。本書をガイドに、まずは声に出してコミュニケーションを取ってみましょう。

　皆さんの旅がイタリアとの素敵な出会いとなり、楽しい経験になりますように、心から願っています。

　　　　　　　　　　　　　　　　　　　　　　　　著者

CONTENTS

はじめに……………………………………………………………………… 1
本書の使い方………………………………………………………………… 4
イタリア語の基礎知識……………………………………………………… 5

出発24時間前編 …………………………………………………… 7

基本の10フレーズ………………………………………………………… 8
15の常用フレーズ ………………………………………………………… 18
定番応答フレーズ8 ……………………………………………………… 19
知っておくと　　（数字／序数詞／値段／疑問詞／時刻／時の表現／ ………… 20
便利な表現　　　時間にまつわる表現／位置／日付／暦の月／曜日）

場面別会話編

● 機内・空港 ………………………………………………………… 33
　機内で　　　　（場所を聞く／乗務員に用事を頼む／機内食を頼む／ ………… 34
　　　　　　　　飲み物を頼む）
　到着空港で　　（入国審査／荷物の受け取り／紛失手荷物の窓口で／ ………… 39
　　　　　　　　税関審査／通貨を両替する）
　空港から市内へ（交通機関の場所を聞く／タクシーの運転手に頼む）………… 46

● 宿泊 ………………………………………………………………… 49
　問い合わせ　　（客室のタイプ／料金を聞く／施設の有無を聞く）…………… 50
　フロントで　　（希望を伝える／館内施設の場所を聞く）……………………… 54
　部屋で　　　　（使いたいと伝える／欲しいと伝える／朝食を注文する）…… 57
　トラブル　　　（故障している）…………………………………………………… 63

● 飲食 ·· 65
- 店を探す　　　　（店を探す）·· 66
- バールで　　　　（飲み物を注文する／食べ物を注文する／席のリクエストを ······ 68
　　　　　　　　　する／メニューを頼む／飲み物を頼む／前菜を注文する／
　　　　　　　　　第一の皿を注文する／メインディッシュを注文する／
　　　　　　　　　デザートを注文する／料理の感想を言う）

● 買い物 ·· 81
- 店を探す　　　　（店を探す／売り場を探す）······································ 82
- 洋服・雑貨など　（服を買う／デザインについて尋ねる／生地について尋ねる ······ 84
  の専門店で　　　／色について尋ねる／サイズについて尋ねる／かばん・靴
　　　　　　　　　を買う／雑貨を買う／ギフト雑貨を買う／アクセサリーを
　　　　　　　　　買う／化粧品を買う／日用品を買う／文具を買う／ラッピ
　　　　　　　　　ングを頼む）

● 観光 ·· 103
- 観光案内所で　　（観光名所への行き方を尋ねる／都市への行き方を尋ねる／ ······ 104
　　　　　　　　　目的の場所がどこか尋ねる／希望を伝える）
- 乗り物を利用する　（乗り物のチケットを買う／タクシーに乗る）···················· 111
- 観光スポットで　（チケットを買う／許可を得る／写真を撮る）······················ 115
- サッカー観戦 ·· 120

● トラブル ·· 123
- トラブルに直面！　（とっさの一言／助けを呼ぶ／盗難に遭った／紛失したとき／ ······ 124
　　　　　　　　　連絡を頼む）
- 病院で　　　　　（発症時期を伝える／症状を伝える／薬を買う／ ···················· 132
　　　　　　　　　薬の飲み方の説明）

単語編 すぐに使える旅単語集 500 ······································ 137

カンタン便利なイタリア語フレーズ ·· 163

さくいん ·· 164

本書の使い方

本書は、「出発24時間前編」「場面別会話編」「すぐに使える旅単語集」の3部構成になっています。

1) 出発24時間前編

本編を始める前に、「基本の10フレーズ」を紹介します。各フレーズについて複数の例文（6〜8文）を載せています。この例文は、「日本語→イタリア語」の順でCD-1 に収録されていますので、音声に続いて繰り返し練習してみましょう。出発24時間前でも間に合いますが、余裕のある人は3日〜1週間前から練習すると効果的でしょう。

CD-1 はほかに、「15の常用フレーズ」、「定番応答フレーズ8」、「知っておくと便利な表現」も収録されています。

2) 場面別会話編「基本フレーズ+単語」

海外旅行のシチュエーションを「機内・空港」「宿泊」「飲食」「買い物」「観光」「トラブル」の6つに分け、各シチュエーションの基本単語を精選して収録しました。どの単語も基本フレーズと組み合わせて使えるようになっています。

> CD-1 と CD-2 の前半には出発24時間前編と場面別会話編の「フレーズ」「言い換え単語」「定番フレーズ」が「日本語→イタリア語」の順に収録されています。

3) 巻末付録単語集「すぐに使える旅単語集500」

旅行でよく使う単語を巻末にまとめました。単語は旅行のシチュエーションごとに分かれているので、旅先で知りたい単語を引くのに便利です。

> CD-2 の後半には巻末付録単語集が「日本語→イタリア語→イタリア語」の順に収録してあります。※イタリア語は2回流れます

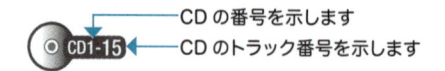

CD1-15
― CDの番号を示します
― CDのトラック番号を示します

●発音・記号について

フレーズ、単語にはカタカナの発音ガイドが付いています。疑問形のフレーズにある⤴は尻上がりのイントネーションで言うサインです。

イタリア語の基礎知識

CD1-2

①名詞の性・数

イタリア語の名詞には文法上の性があり、すべての名詞は男性名詞か女性名詞に分けられます。通常、同じ名詞でも単数と複数で形が変化し、男性名詞の単数は o で、複数は i で終わり、女性名詞の単数形は a、複数形は e で終わります。

男性名詞 単数		女性名詞 単数	
panino パニーノ	パニーノ	**pizza** ピッツァ	ピザ
男性名詞 複数		女性名詞 複数	
panini パニーニ	パニーノ	**pizze** ピッツェ	ピザ

②不定冠詞

イタリア語の名詞の前には冠詞が付き、冠詞には、不定冠詞と定冠詞があります。不定冠詞は「ある不特定の」ものがあることを示し、英語の a / an に当たります。男性名詞と女性名詞で異なる不定冠詞が付き、単数・複数によって変化します

男性名詞 単数		男性名詞 複数	
un libro ウン リーブロ	(一冊の)本	**dei libri** デイ リーブリ	(いくつかの)本
uno stadio ウノ スターディオ	(ひとつの)スタジアム	**degli stadi** デッリ スターディ	(いくつかの)スタジアム
女性名詞 単数		女性名詞 複数	
una borsa ウナ ボールサ	(ひとつの)かばん	**delle borse** デッレ ボールセ	(いくつかの)かばん
un'insalata ウニンサラータ	(ひとつの)サラダ	**delle insalate** デッレ インサラーテ	(いくつかの)サラダ

③定冠詞

「ある特定の」ものを指し示す時に使うのが定冠詞で、英語のthe にあたり、定冠詞にも男性名詞と女性名詞に付くもので区別があり、単数・複数で変化します

男性名詞 単数		男性名詞 複数	
il libro イル リーブロ	(その)本	**i libri** イ リーブリ	(それらの)本
lo stadio ロ スターディオ	(その)スタジアム	**gli stadi** リ スターディ	(それらの)スタジアム
l'ombrello ロンブレッロ	(その)傘	**gli ombrelli** リ オンブレッリ	(それらの)傘

女性名詞 単数		女性名詞 複数	
la borsa ラ ボールサ	(その)かばん	**le borse** レ ボールセ	(それらの)かばん
l'insalata リンサラータ	(その)サラダ	**le insalate** レ インサラーテ	(それらの)サラダ

CD1-3

出発24時間前編

基本の
10フレーズ

基本知識と定番表現を
まとめてチェック！

基本の10フレーズ

CD1-4

1 ～をお願いします。
～ per favore.
ペル　ファヴォーレ

レストランで料理や飲み物を注文したり、ショッピングの場面で店員さんに買いたいものを伝えたりと、さまざまな場面で使える便利なフレーズです。欲しいものの単語の後に、per favore を付けるだけです。

言ってみましょう

オレンジジュースをお願いします。	**Un succo d'arancia, per favore.** ウン　スッコ　ダラーンチャ、ペル　ファヴォーレ
エスプレッソをお願いします。	**Un caffè, per favore.** ウン　カッフェー、ペル　ファヴォーレ
ジェラートをお願いします。	**Un gelato, per favore.** ウン　ジェラート、ペル　ファヴォーレ
パニーノをお願いします。	**Un panino, per favore.** ウン　パニーノ、ペル　ファヴォーレ
お勘定をお願いします。	**Il conto, per favore.** イル　コーント、ペル　ファヴォーレ
チェックアウトをお願いします。	**Il check out, per favore.** イル　チェッカウト、ペル　ファヴォーレ
切符1枚お願いします。	**Un biglietto, per favore.** ウン　ビッリェット、ペル　ファヴォーレ
8時にお願いします。	**Alle 8, per favore.** アッレ　オット、ペル　ファヴォーレ

②　～がほしいのですが。
Posso avere ～ ?
ポッソ　アヴェーレ

自分が欲しいものを相手にやんわり伝える表現です。Posso avereの後に、欲しいものを付けます。

言ってみましょう

水が欲しいのですが。	**Posso avere un bicchiere d'acqua?** ポッソ　アヴェーレ　ウン　ビッキェーレ　ダックァ⤴
メニューが欲しいのですが。	**Posso avere il menù?** ポッソ　アヴェーレ　イル　メヌー⤴
ワインメニューが欲しいのですが。	**Posso avere la carta dei vini?** ポッソ　アヴェーレ　ラ　カルタ　デイ　ヴィーニ⤴
領収書が欲しいのですが。	**Posso avere la ricevuta?** ポッソ　アヴェーレ　ラ　リチェヴータ⤴
新しいタオルが欲しいのですが。	**Posso avere un asciugamano pulito?** ポッソ　アヴェーレ　ウナッシュガマーノ　プリート⤴
町の地図が欲しいのですが。	**Posso avere una cartina della città?** ポッソ　アヴェーレ　ウナ　カルティーナ　デッラ　チッター⤴

3. ～したいのですが。
Vorrei ～ .
ヴォッレーイ

自分がしたいことを相手にやんわり伝えたい時に使う表現です。Vorrei の後に、自分のしたいことを付けます。

言ってみましょう

テーブルの予約をしたいのですが。	**Vorrei prenotare un tavolo.** ヴォッレーイ　プレノターレ　ウン　ターヴォロ
予約の取り消しをしたいのですが。	**Vorrei cancellare la mia prenotazione.** ヴォッレーイ　カンチェッラーレ　ラ　ミア　プレノタツィオーネ
日本へ電話をかけたいのですが。	**Vorrei telefonare in Giappone.** ヴォッレーイ　テレフォナーレ　イン　ジャッポーネ
チェックインをしたいのですが。	**Vorrei fare il check in.** ヴォッレーイ　ファーレ　イル　チェッキン
インターネットをしたいのですが。	**Vorrei usare internet.** ヴォッレーイ　ウザーレ　インテルネット
円をユーロに両替したいのですが。	**Vorrei cambiare yen in euro.** ヴォッレーイ　カンビャーレ　イェン　イネウロ
写真を撮りたいのですが。	**Vorrei fare una foto.** ヴォッレーイ　ファーレ　ウナ　フォート

④ ～してくださいますか。
Può ～ ?
プォ

相手に何かして欲しい時に使う表現です。Può の後に、して欲しいことを付け加えます。

言ってみましょう

手伝ってくださいますか。	**Può aiutarmi?** プォ　アユタールミ
少し待ってくださいますか。	**Può aspettare un momento?** プォ　アスペッターレ　ウン　モメント
(おすすめの) レストランを教えてくださいますか。	**Può consigliarmi un ristorante?** プォ　コンスィリャルミ　ウン　リストラーンテ
(勘定を) 部屋に付けてくださいますか。	**Può metterlo sul conto della mia camera?** プォ　メッテルロ　スル　コント　デッラ　ミア　カーメラ
タクシーを呼んでくださいますか。	**Può chiamarmi un taxi?** プォ　キャマールミ　ウン　タクスィ
住所を書いてくださいますか。	**Può scrivermi l'indirizzo?** プォ　スクリーヴェルミ　リンディリーッツォ
道を教えてくださいますか。	**Può indicarmi la strada?** プォ　インディカールミ　ラ　ストラーダ
私の写真を撮ってくださいますか。	**Può farmi una fotografia?** プォ　ファールミ　ウナ　フォトグラフィーア

5 〜が（この近くに）ありますか。
C'è 〜 qui vicino?
チェ　　クィ　ヴィチーノ

施設や設備を探している時に使える表現で、Qui vicino は「この近くに」を意味します。

言ってみましょう

郵便局がありますか。	**C'è un ufficio postale qui vicino?** チェ ウヌフィッチョ ポスターレ クィ ヴィチーノ
銀行がありますか。	**C'è una banca qui vicino?** チェ ウナ バンカ クィ ヴィチーノ
警察署がありますか。	**C'è una stazione di polizia qui vicino?** チェ ウナ スタッツィオーネ ディ ポリツィーア クィ ヴィチーノ
タバコ屋がありますか。	**C'è un tabaccaio qui vicino?** チェ ウン タバッカーイヨ クィ ヴィチーノ
地下鉄の駅がありますか。	**C'è una stazione della metro qui vicino?** チェ ウナ スタッツィオーネ デッラ メートロ クィ ヴィチーノ
バス停がありますか。	**C'è una fermata dell'autobus qui vicino?** チェ ウナ フェルマータ デッラーウトブス クィ ヴィチーノ
タクシー乗り場がありますか。	**C'è un posteggio taxi qui vicino?** チェ ウン ポステッジョ タクスィ クィ ヴィチーノ
お手洗いがありますか。	**C'è un bagno qui vicino?** チェ ウン バンニョ クィ ヴィチーノ

6 〜はありますか。
Avete 〜 ?
アヴェーテ

お店などで、自分の欲しい物がおいてあるかどうかを聞く時に便利な表現です。

言ってみましょう

絵葉書はありますか。	**Avete cartoline?** アヴェーテ カルトリーネ
切手はありますか。	**Avete francobolli?** アヴェーテ フランコボッリ
町の地図はありますか。	**Avete una cartina della città?** アヴェーテ ウナ カルティーナ デッラ チッター
もっと大きいサイズはありますか。	**Avete una taglia più grande?** アヴェーテ ウナ タッリャ ピュ グランデ
もっと小さいサイズはありますか。	**Avete una taglia più piccola?** アヴェーテ ウナ タッリャ ピュ ピッコラ
バスの切符はありますか。	**Avete biglietti dell'autobus?** アヴェーテ ビッリェッティ デッラーウトブス
クロワッサンはありますか。	**Avete cornetti?** アヴェーテ コルネッティ
サンドイッチはありますか。	**Avete tramezzini?** アヴェーテ トラメッズィーニ

7 これは〜ですか。
È 〜?
エ

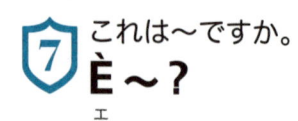

目の前のものについて聞く時の簡単表現です。洋服や靴のサイズを確認したり、素材や品質を聞いたりと、使い方はいろいろです。評価を聞く時にも使える表現です。

言ってみましょう

これはなんですか。	**Che cos'è questo?** ケ コゼー クエスト
これは土地のものですか。	**È un prodotto tipico?** エ ウン プロドット ティーピコ
これは本革ですか。	**È vera pelle?** エ ヴェーラ ペッレ
これはSサイズですか。	**È una S?** エ ウナ エッセ
これは牛肉ですか。	**È carne di manzo?** エ カルネ ディ マーンゾ
これはオーガニックですか。	**È biologico?** エ ビオロージコ
これは甘いですか。	**È dolce?** エ ドールチェ
これは流行っていますか。	**È di moda?** エ ディ モーダ

8 ～してもいいですか。
Posso ～ ?
ポッソ

相手に許可を求める表現です。Posso の後に動詞を続けます。

言ってみましょう

タバコを吸ってもいいですか。	**Posso fumare?** ポッソ　フマーレ
入ってもいいですか。	**Posso entrare?** ポッソ　エントラーレ
見てもいいですか。	**Posso vederlo?** ポッソ　ヴェデールロ
試着してもいいですか。	**Posso provarlo?** ポッソ　プロヴァールロ
写真を撮ってもいいですか。	**Posso fare una foto?** ポッソ　ファーレ　ウナ　フォート
荷物を置いておいてもいいですか。	**Posso lasciare qui i bagagli?** ポッソ　ラッシャーレ　クィ　イ　バガッリ
ここに座ってもいいですか。	**Posso sedermi qui?** ポッソ　セデールミ　クィ
電話を使ってもいいですか。	**Posso usare il telefono?** ポッソ　ウザーレ　イル　テレーフォノ

9 ～はどこですか。
Dov'è ～?
ドヴェー

場所を聞くときの簡単表現です。Dov'è の次に、聞きたい施設や建物、売り場などを表す単語を付け加えるだけです。複数の場合は Dove sono? です。

言ってみましょう

入口はどこですか。	**Dov'è l'entrata?** ドヴェー　レントラータ
出口はどこですか。	**Dov'è l'uscita?** ドヴェー　ルッシータ
私の座席はどこですか。	**Dov'è il mio posto?** ドヴェー　イル　ミオ　ポスト
化粧室はどこですか。	**Dov'è il bagno?** ドヴェー　イル　バンニョ
テルミニ駅はどこですか。	**Dov'è la stazione Termini?** ドヴェー　ラ　スタッツィオーネ　テールミニ
切符売り場はどこですか。	**Dov'è la biglietteria?** ドヴェー　ラ　ビッリェッテリーア
エレベーターはどこですか。	**Dov'è l'ascensore?** ドヴェー　ラッシェンソーレ
クロークはどこですか。	**Dov'è il guardaroba?** ドヴェー　イル　グァルダローバ

10 何時に〜ですか。
A che ora 〜 ?
ア　ケ　オーラ

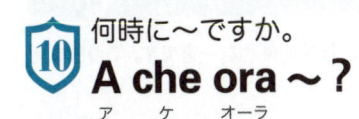

事柄や行動などを何時に行うのか尋ねるときに使う表現です。

言ってみましょう

何時に開きますか。	**A che ora apre?** ア　ケ　オーラ　アプレ↗
何時に閉めますか。	**A che ora chiude?** ア　ケ　オーラ　キューデ↗
何時に着きますか。	**A che ora arriva?** ア　ケ　オーラ　アッリーヴァ↗
何時に待ち合わせですか。	**A che ora è l'incontro?** ア　ケ　オーラ　エ　リンコーントロ↗
何時に出発ですか。	**A che ora parte?** ア　ケ　オーラ　パルテ↗
何時にホテルに戻りますか。	**A che ora è il rientro in hotel?** ア　ケ　オーラ　エ　イル　リエントロ　イン　オテル↗
何時に始まりますか。	**A che ora comincia?** ア　ケ　オーラ　コミンチャ↗
何時に終わりますか。	**A che ora finisce?** ア　ケ　オーラ　フィニッシェ↗

15の 常用フレーズ　　CD1-14

基本の10フレーズのほかに覚えておきたい、挨拶や便利な一言です。このまま覚えて実際に使ってみましょう。

1	こんにちは。	Buongiorno. ブォンジョールノ
2	こんばんは。	Buonasera. ブォナセーラ
3	さようなら。	Arrivederci. アッリヴェデールチ
4	ありがとうございます。	Grazie. グラッツィエ
5	すみません。	Scusi. スクーズィ
6	何とおっしゃいましたか。	Come? コーメ ⤴
7	わかりません。	Non capisco. ノン　カピスコ
8	もう一度言ってもらえますか。	Può ripetere, per favore? プオ　リペーテレ　ペル　ファヴォーレ ⤴
9	ゆっくり話してもらえますか。	Può parlare più lentamente, per favore? プオ　パルラーレ　ピュ　レンタメンテ　ペル　ファヴォーレ ⤴
10	おねがいします。	Per favore. ペル　ファヴォーレ
11	ちょっと待ってください。	Aspetti un momento, per favore. アスペッティ　ウン　モメント、ペル　ファヴォーレ

12	いくらですか。	Quanto costa? クァント　コースタ⤴
13	いくらになりますか。	Quant'è? クァンテー⤴
14	書いてくださいますか。	Può scriverlo, per favore? プォ　スクリーヴェルロ　ペル　ファヴォーレ⤴
15	ここですか。	È qui? エ　クィ⤴

定番応答フレーズ 8　　　　　　　　　　　　　◎ CD1-15

返事や応答でよく使う基本的なフレーズです。

1	はい。	Sì. スィ
2	いいえ。	No. ノ
3	いいえ、(〜です)。	No, è〜. ノ　エ
4	大丈夫です。	Va bene. ヴァ　ベーネ
5	どうぞ。	Prego. プレーゴ
6	いいえ、結構です。	No, grazie. ノ　グラッツィエ
7	はい、その通りです。	Sì, esatto. スィ　エザット
8	どういたしまして。	Prego. プレーゴ

知っておくと便利な表現

1 数字

CD1-16

数字は、買い物で値段を聞いたり、また、乗り物の時刻を確認したりなど、旅行で出番の多いものです。

0	zero ゼーロ		11	undici ウンディチ
1	uno ウーノ		12	dodici ドーディチ
2	due ドゥーエ		13	tredici トレーディチ
3	tre トレ		14	quattordici クァットールディチ
4	quattro クァットロ		15	quindici クィンディチ
5	cinque チーンクェ		16	sedici セーディチ
6	sei セーイ		17	diciassette ディチャッセッテ
7	sette セッテ		18	diciotto ディチョット
8	otto オット		19	diciannove ディチャンノーヴェ
9	nove ノーヴェ		20	venti ヴェンティ
10	dieci ディエーチ		21	ventuno ヴェントゥーノ

知っておくと便利な表現

22	**ventidue** ヴェンティドゥーエ		500	**cinquecento** チンクェチェント
30	**trenta** トレーンタ		1000	**mille** ミッレ
31	**trentuno** トレントゥーノ		1万	**diecimila** ディエチミーラ
32	**trentadue** トレンタドゥーエ		10万	**centomila** チェントミーラ
40	**quaranta** クァランタ		100万	**un milione** ウン ミリョーネ
50	**cinquanta** チンクァンタ			
60	**sessanta** セッサーンタ			
70	**settanta** セッターンタ			
80	**ottanta** オッターンタ			
90	**novanta** ノヴァーンタ			
100	**cento** チェント			
107	**centosette** チェントセッテ			
200	**duecento** ドゥエチェント			

2 序数詞

建物の階数を言ったり、座席の列数を言ったりする時に「〜番目の」を表す序数詞を使います。

1番目の、最初の	primo プリーモ
2番目の	secondo セコーンド
3番目の	terzo テールツォ
4番目の	quarto クァルト
5番目の	quinto クィント
6番目の	sesto セスト
7番目の	settimo セッティモ
8番目の	ottavo オッターヴォ
9番目の	nono ノーノ
10番目の	decimo デーチモ
11番目の	undicesimo ウンディチェーズィモ
12番目の	dodicesimo ドディチェーズィモ
20番目の	ventesimo ヴェンテーズィモ

知っておくと便利な表現

3 値段

1ユーロ	un euro ウネウロ
5セント	cinque centesimi チンクェ チェンテーズィミ
10ユーロ50セント	dieci euro e cinquanta ディエチ エウロ エ チンクァンタ
1kgあたり3ユーロ	tre euro al chilo トレ エウロ アル キーロ

4 疑問詞

何	che cosa ケ コーザ	これは何ですか。 Che cosa è questo? ケ コーザ エ クェスト
誰	chi キ	あの人は誰ですか。 Chi è quella persona? キ エ クェッラ ペルソーナ
なぜ	perché ペルケ	それはなぜですか。 Perché? ペルケ
どこ	dove ドーヴェ	トイレはどこですか。 Dov'e è il bagno? ドヴェー イル バンニョ
どのくらい	quanto クァント	どのくらい時間がかかりますか。 Quanto tempo ci vuole? クァント テンポ チ ヴォーレ
いつ	quando クァンド	いつ出発ですか。 Quando parte? クァンド パールテ

5 時刻

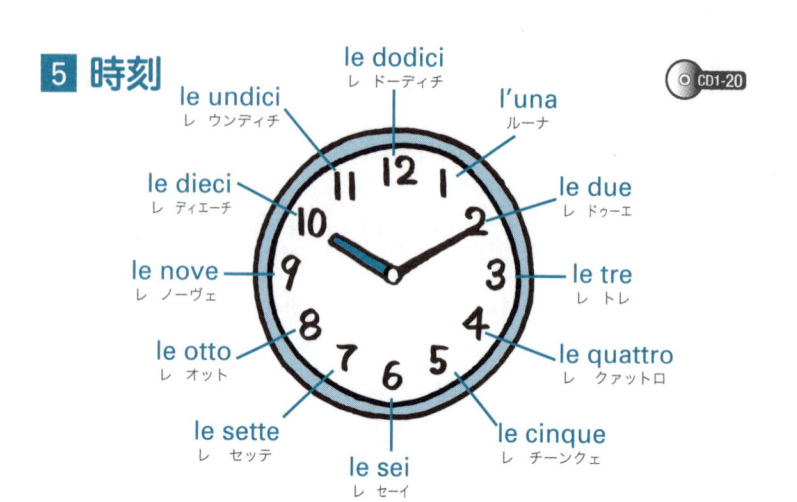

le dodici レ ドーディチ
le undici レ ウンディチ
l'una ルーナ
le dieci レ ディエーチ
le due レ ドゥーエ
le nove レ ノーヴェ
le tre レ トレ
le otto レ オット
le quattro レ クァットロ
le sette レ セッテ
le sei レ セーイ
le cinque レ チーンクェ

1時10分	l'una e dieci	ルーナ エ ディエーチ
1時30分	l'una e trenta	ルーナ エ トレーンタ
1時45分	l'una e quarantacinque	ルーナ エ クァランタチーンクェ
1時50分	l'una e cinquanta	ルーナ エ チンクァンタ

今、何時ですか。
Che ore sono / Che ora è?
ケ オーレ ソーノ ／ ケ オーラ エ

1時です。 **È l'una.**
エ ルーナ

9時20分です。
Sono le nove e venti.
ソーノ レ ノーヴェ エ ヴェンティ

午前8時 **Sono le otto.**
ソーノ レ オット

午後1時 **Sono le tredici.**
ソーノ レ トレーディチ

午後8時 **Sono le venti.**
ソーノ レ ヴェンティ

1時ちょうど **È l'una in punto.**
エ ルーナ イン プント

知っておくと便利な表現

〜前、〜後の言い方

(〜時) ちょうどです。	in punto. _{イン プーント}
(〜時) 5分です。	e cinque. _{エ チーンクェ}
(〜時) 10分です。	e dieci. _{エ ディエーチ}
(〜時) 15分です。	e un quarto / e quindici. _{エ ウン クァルト エ クィンディチ}
(〜時) 20分です。	e venti. _{エ ヴェンティ}
(〜時) 25分です。	e venticinque. _{エ ヴェンティチーンクェ}
(〜時) 半です。	e mezzo / e trenta. _{エ メッゾ エ トレータ}
(〜時) 35分です。	e trentacinque. _{エ トレンタチーンクェ}
(〜時) 20分前です。	meno venti. _{メノ ヴェンティ}
(〜時) 15分前です。	meno un quarto / meno quindici. _{メノ ウン クァルト メノ クィンディチ}
(〜時) 10分前です。	meno dieci. _{メノ ディエーチ}
(〜時) 5分前です。	meno cinque. _{メノ チーンクェ}

6 時の表現

1）朝・昼・夜

朝（午前）	mattina マッティーナ
正午	mezzogiorno メッゾジョールノ
午後	pomeriggio ポメリッジョ
夕方・晩	sera セーラ
夜	notte ノッテ

2）季節

春	primavera プリマヴェーラ
夏	estate エスターテ
秋	autunno アウトゥンノ
冬	inverno インヴェルノ

ひとくちメモ

「イタリアの気候」

　イタリアは地中海性気候に属し、四季がはっきりしています。過ごしやすい気候ですが、地域によっては日中と夜の気温に差があります。ローマの年間の気温は東京とほぼ同じですが、夏は比較的雨が少なく乾燥しており、日差しが強いのが特徴です。南北に伸びた長靴型のイタリアは、アルプス山脈のある北部と南部とで気温の差があるので、服装など、注意が必要です。

知っておくと便利な表現

7 時間にまつわる表現

1分　un minuto
　　　ウン　ミヌート

4分の1時間（15分）
　un quarto d'ora /
　ウン　クァルト　ドーラ
　quindici minuti
　クィンディチ　ミヌーティ

半時間（30分）
　　　mezz'ora /
　　　メッゾーラ
　　　trenta minuti
　　　トレンタ　ミヌーティ

1時間　un'ora
　　　ウノーラ

1時間半
　un'ora e mezza
　ウノーラ　エ　メッザ

1日　un giorno
　　　ウン　ジョールノ

1週間　una settimana
　　　ウナ　セッティマーナ

1ヶ月　un mese
　　　ウン　メーゼ

1年　un anno
　　　ウナーンノ

早い　presto
　　　プレスト

遅い　tardi
　　　タールディ

8 位置

前	davanti	ダヴァンティ
後ろ	dietro	ディエートロ
右	a destra	ア デーストラ
左	a sinistra	ア スィニストラ
上	in alto / sopra	イナールト ソープラ
下	in basso / sotto	イン バッソ ソット
中	all'interno / dentro	アッリンテールノ デントロ
外	all'esterno / fuori	アッレステールノ フォーリ

知っておくと便利な表現

9 日付

(CD1-24)

イタリア語で、年月日を表す時は、日、月、年の順になります。
日の前に il を付けます。

1月1日	**il primo gennaio**
	イル　プリモ　　ジェンナーイヨ

1月2日	**il due gennaio**
	イル ドゥーエ ジェンナーイヨ

年号の読み方は数詞の読み方と同じです。
2016年の読み方

2016	**duemilasedici**
	ドゥエミラセーディチ

2016年1月1日

il primo gennaio duemilasedici
イル　プリモ　　ジェンナーイヨ　　ドゥエミラセーディチ

10 暦の月

1月	gennaio ジェンナーイヨ	7月	luglio ルッリョ
2月	febbraio フェッブラーイヨ	8月	agosto アゴスト
3月	marzo マールツォ	9月	settembre セッテーンブレ
4月	aprile アプリーレ	10月	ottobre オットーブレ
5月	maggio マッジョ	11月	novembre ノヴェーンブレ
6月	giugno ジュンニョ	12月	dicembre ディチェーンブレ

ひとくちメモ

次ページのイタリア語の曜日の呼び方は、ローマ神話の神様の名前などが起源になっています。

lunedì	(月曜日):	月
martedì	(火曜日):	軍神マルス
mercoledì	(水曜日):	商業の神メルクリウス
giovedì	(木曜日):	神々の王ユピテル
venerdì	(金曜日):	愛の女神ウェヌス
sabato	(土曜日):	農業の神サトゥルヌス
domenica	(日曜日):	太陽

知っておくと便利な表現

11 曜日

月曜日 lunedì
ルネディ

火曜日 martedì
マルテディ

水曜日 mercoledì
メルコレディ

木曜日 giovedì
ジョヴェディ

金曜日 venerdì
ヴェネルディ

土曜日 sabato
サーバト

日曜日 domenica
ドメーニカ

ひとくちメモ

月曜から金曜までは、単数であっても、複数であっても、同じ形です。土曜・日曜は複数の場合には sabati・domeniche のように変化します。またイタリア語の「曜日」や「月」は、頭の文字も小文字で書きます。

12 その他の時の表現

今	adesso アデッソ
今日	oggi オッジ
昨日	ieri イェーリ
明日	domani ドマーニ
今週	questa settimana クェスタ　セッティマーナ
先週	la settimana scorsa / ラ　セッティマーナ　スコルサ la scorsa settimana ラ　スコルサ　セッティマーナ
来週	la settimana prossima / ラ　セッティマーナ　プロッスィマ la prossima settimana ラ　プロッスィマ　セッティマーナ
今月	questo mese クェスト　メーゼ
今年	quest'anno クェストアーンノ
去年	l'anno scorso ランノ　スコールソ
来年	l'anno prossimo ランノ　プロッスィモ
～前	~ fa ファ
10年前	dieci anni fa ディエーチ　アンニ　ファ
～後	fra ~ フラ
10年後	fra dieci anni フラ　ディエーチ　アンニ

場面別会話編

機内・空港

イタリアの旅の始まりは機内でのコミュニケーションから。飲み物の注文や乗務員へのお願い事など、イタリア語でしてみましょう。気分は早くもイタリアの地に飛んで行きますね。

✈ ≫ 機内で

場所を聞く

1 （搭乗券を見せながら）**この席**はどこですか。

Dov'è questo posto?
ドヴェー　　クェスト　　ポスト

言い換え	お手洗い	**il bagno** イル　バンニョ
		la toilette ラ　トワレット
	非常口	**l'uscita di emergenza** ルッシータ　ディ　エメルジェンツァ

乗務員に用事を頼む

2 **毛布**をいただけますか。

Posso avere una coperta, per favore?
ポッソ　アヴェーレ　ウナ　　コペールタ、　ペル　ファヴォーレ

言い換え	日本の新聞	**un giornale giapponese** ウン　ジョルナーレ　ジャッポネーゼ
	日本の雑誌	**una rivista giapponese** ウナ　リヴィースタ　ジャッポネーゼ
	枕	**un cuscino** ウン　クッシーノ
	イヤホン	**gli auricolari** リ　アウリコラーリ
	税関申告書	**un modulo per la dichiarazione doganale** ウン　モードゥロ　ペル　ラ　ディキアラッツィオーネ　ドガナーレ

機内で

機内食を頼む

3. 魚をお願いします。
Pesce, per favore.
ペッシェ　ペル　ファヴォーレ

言い換え		
	牛肉	**Manzo** マーンゾ
	鶏肉	**Pollo** ポッロ
	豚肉	**Maiale** マイヤーレ
	和食	**Menù giapponese** メヌー　ジャッポネーゼ
	パスタ	**Pasta** パスタ
	パン	**Pane** パーネ
	特別食	**Pasto speciale** パスト　スペチャーレ
	子ども向け機内食	**Menù per bambini** メヌー　ペル　バンビーニ

ひとくちメモ 「機内食について」

航空会社では、健康上の理由等で通常の機内食が食べられない乗客の為に、特別食を用意しています。ベジタリアン食 pasto vegetariano、低カロリー食 pasto ipocalorico、減塩食 pasto iposodico、無グルテン食 pasto senza glutine などがありますが、このような特別食は通常、48時間前までの事前予約が必要です。
（パスト　ヴェジェタリアーノ／パスト　イポカローリコ／パスト　イポソーディコ／パスト　センツァ　グルーティネ）

飲み物を頼む

④ 赤ワインをください。
Vino rosso, per favore.
ヴィーノ　ロッソ　ペル　ファヴォーレ

白ワイン	**Vino bianco** ヴィーノ ビャーンコ
ビール	**Birra** ビッラ
プロセッコ (イタリア産の発砲ワイン)	**Prosecco** プロセッコ
オレンジジュース	**Succo d'arancia** スッコ ダラーンチャ
エスプレッソ	**Caffè** カッフェー
紅茶	**Tè nero (tè inglese)** テ ネーロ テ イングレーゼ
緑茶	**Tè verde** テ ヴェルデ
コーラ	**Coca-cola** コカコーラ
ミネラルウォーター	**Acqua minerale** アックァ ミネラーレ
トマトジュース	**Succo di pomodoro** スッコ ディ ポモドーロ
もう一杯	**Ancora** アンコーラ

ひとくちメモ 「エスプレッソについて」

イタリア人は食後やちょっとした休憩に、よくコーヒーを飲みます。イタリア人にとってコーヒーとは、小さいカップに入ったエスプレッソ・コーヒーのこと。エスプレッソを注文する際も、「espresso（エスプレッソ）」という言葉はあまり使わず、「caffè（カッフェー）」と頼みます。

機内で使う 定番フレーズ

● 席を替えることはできますか。	Posso cambiare posto?
● 荷物入れにもう場所がありません。	Non c'è più spazio nella cappelliera.
● 寒いです。	Ho freddo.
● 毛布をもう一枚ください。	Un'altra coperta, per favore.
● 枕をもうひとつください。	Un altro cuscino, per favore.
● 気分が良くないのですが。	Non mi sento bene.
● 頭が痛いです。	Ho mal di testa.
● スクリーンの調子が悪いです。	Lo schermo non funziona bene.
● ヘッドフォンの調子が悪いです。	Gli auricolari non funzionano bene.
● 読書灯の調子が悪いです。	La luce per la lettura non funziona bene.
● リモコンの調子が悪いです。	Il telecomando non funziona bene.
● ワインをこぼしてしまいました。	Ho fatto cadere il vino.
● どうしてもお手洗いに行きたいのですが。	Ho bisogno di andare in bagno.
● 座席を倒してもいいですか。	Posso reclinare il sedile?
● すみません (通していただけますか)。	Permesso.

● 機内の単語

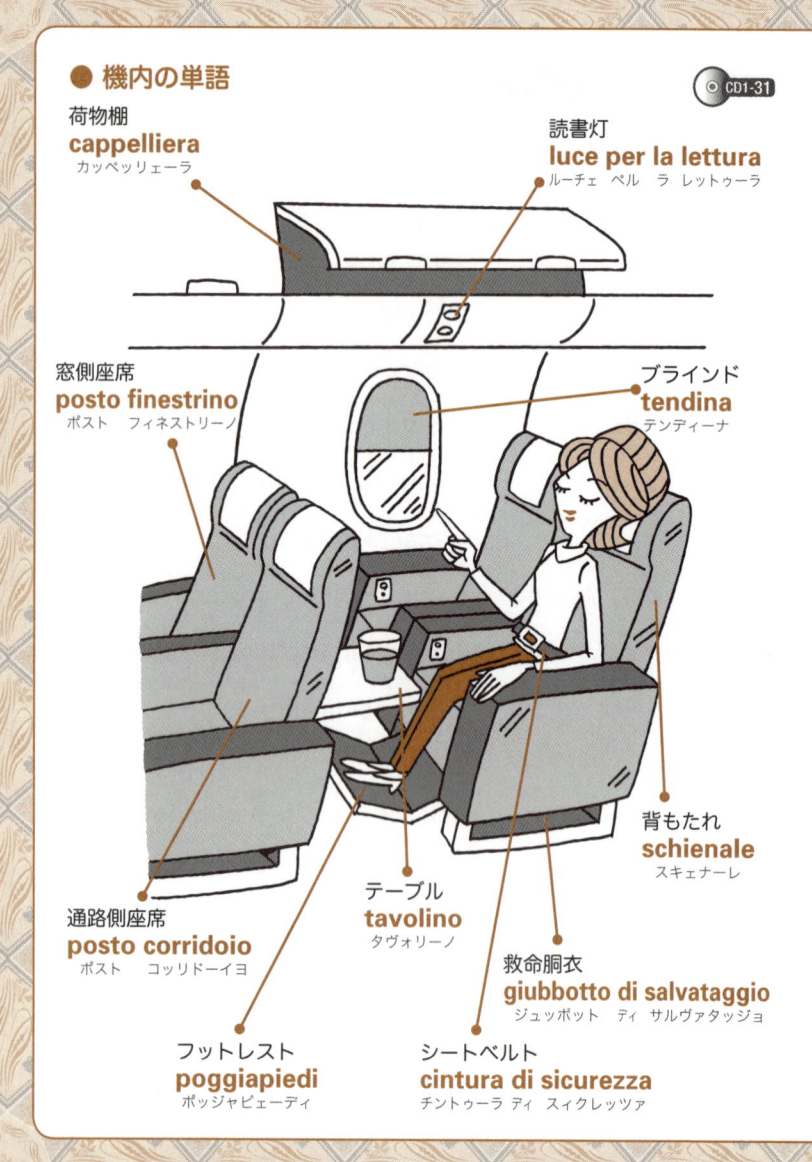

🔘 CD1-31

荷物棚
cappelliera
カッペッリエーラ

読書灯
luce per la lettura
ルーチェ ペル ラ レットゥーラ

窓側座席
posto finestrino
ポスト フィネストリーノ

ブラインド
tendina
テンディーナ

背もたれ
schienale
スキェナーレ

通路側座席
posto corridoio
ポスト コッリドーイヨ

テーブル
tavolino
タヴォリーノ

救命胴衣
giubbotto di salvataggio
ジュッボット ディ サルヴァタッジョ

フットレスト
poggiapiedi
ポッジャピエーディ

シートベルト
cintura di sicurezza
チントゥーラ ディ スィクレッツァ

✈ ≫ 到着空港で

入国審査 CD1-32

① 観光のためです。(入国目的を問われた時の答え)
Per turismo.
ペル　　トゥリズモ

言い換え

仕事	lavoro ラヴォーロ
留学	studio ストゥーディオ
友人に会う	incontrare amici インコントラーレ　アミーチ

② 1週間です。(滞在期間を問われた時の答え)
Per una settimana.
ペル　ウナ　　セッティマーナ

言い換え

3日間です	tre giorni トレ　ジョールニ
10日間です	dieci giorni ディエーチ　ジョールニ
2週間です	due settimane ドゥエ　セッティマーネ
ひと月です	un mese ウン　メーゼ
2か月です	due mesi ドゥエ　メーズィ

③ **ヒルトンホテル**です。（滞在先を問われた時の答え）
All' hotel Hilton.
アッロテル　　　イルトン

言い換え		
ホテル ダニエリです	All' hotel Danieli	アッロテル　ダニエーリ
大学の寮です	Al dormitorio universitario	アル　ドルミトーリオ　ウニヴェルスィターリオ
友人の家です	A casa di un amico	ア　カーザ　ディ　ウナミーコ
親戚の家です	A casa di un parente	ア　カーザ　ディ　ウン　パレーンテ

④ 私は**公務員**です。（職業を問われた時の答え）
Sono impiegato pubblico.
ソーノ　　インピエガート　　　プッブリコ

言い換え		
会社員	impiegato	インピエガート
コンピューター技師	ingegnere informatico	インジェニェーレ　インフォルマーティコ
学生	studente	ストゥデンテ
専業主婦	casalinga	カザリーンガ
教師	insegnante	インセニャーンテ
定年退職者	pensionato	ペンスィオナート

到着空港で

荷物の受け取り

5 荷物サービスはどこですか。
Dov'è il servizio bagagli?
ドヴェー イル セルヴィツィオ バガッリ

言い換え

AZ785便のターンテーブル	**il ritiro bagagli del volo AZ 785** イル リティーロ バガッリ デル ヴォーロ アッゼータ セッテオットチーンクェ	
紛失手荷物の窓口	**l'ufficio bagagli smarriti** ルフィチョ バガッリ ズマッリーティ	
カート	**il carrello** イル カレッロ	

> **ひとくちメモ 「手荷物が見つからなかったら」**
> 出発空港で預けた手荷物がターンテーブルから出てこなかった場合には、紛失手荷物の窓口に行って手続きをします。チェックインの際に渡された手荷物の預かり証 ricevuta del bagaglio を提示し、色、形、サイズなどを具体的に説明しましょう。そして、手荷物が空港に到着次第、連絡をもらえるように、ホテル名など滞在先を伝えておきます。荷物が手許に届くまで日数がかかることがあります。当面の着替えや日常の必需品は、機内持ち込みの荷物に入れておくと安心です。

紛失手荷物の窓口で

6 黒いスーツケースです。
E' una valigia nera.
エ　ウナ　ヴァリージャ　ネーラ

言い換え

青色の	**azzurra** アッズーラ
シルバーの	**color argento** コロール　アルジェーント
赤い	**rossa** ロッサ
大きい	**grande** グラーンデ
中くらいの	**media** メーディア
小さい	**piccola** ピッコラ
革製の	**di pelle** ディ　ペッレ
布製の	**di stoffa** ディ　ストッファ
ハードケースの	**rigida** リージダ

到着空港で

税関審査

7 **ウィスキーを1本**持っています。（申告についての問いに対する答え）

Ho una bottiglia di whisky.
オ ウナ ボッティッリャ ディ ウィスキー

言い換え

タバコ1カートン	**una stecca di sigarette** ウナ ステッカ ディ スィガレッテ
ワイン2本	**due bottiglie di vino** ドゥエ ボッティッリェ ディ ヴィーノ
日本酒1本	**una bottiglia di sakè** ウナ ボッティッリャ ディ サケ
50万円	**cinquecentomila yen** チンクェチェントミーラ イェン

8 **身の回りのもの**です。（持ち物についての問いに対する答え）

Sono oggetti personali.
ソーノ オッジェッティ ペルソナーリ

言い換え

友達へのお土産	**souvenir per gli amici** スーヴェニール ペル リ アミーチ
日本のお菓子	**dolci giapponesi** ドルチ ジャッポネーズィ
常備薬	**farmaci generici** ファルマチ ジェネーリチ
化粧品	**cosmetici** コズメーティチ

通貨を両替する

⑨ **両替所**はどこですか。
Dov'è il cambio?
ドヴェー　イル　カーンビョ

言い換え　銀行　**la banca**
　　　　　　　　ラ　バーンカ

---

⑩ **ユーロ**に換えてください。
Vorrei cambiare in euro.
ヴォッレーイ　カンビャーレ　イネウロ

言い換え　日本円　**yen**
　　　　　　　　イェン

ポンド　**sterline**
　　　　ステルリーネ

現金　**contanti**
　　　コンターンティ

---

⑪ **領収書**をください。
Vorrei la ricevuta.
ヴォッレーイ　ラ　リチェヴータ

言い換え　小銭　**spiccioli**
　　　　　　　　スピッチョリ

10ユーロ札　**banconote da 10 euro**
　　　　　　バンコノーテ　ダ　ディエチ　エウロ

到着空港で

● 空港の単語

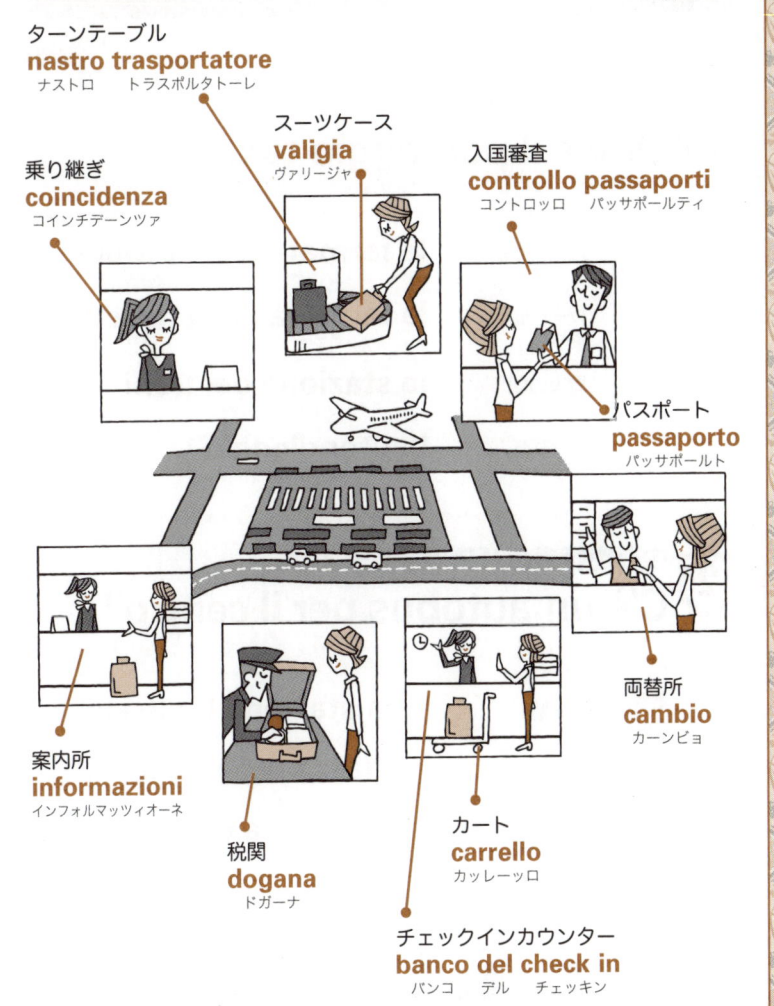

ターンテーブル
nastro trasportatore
ナストロ　トラスポルタトーレ

スーツケース
valigia
ヴァリージャ

入国審査
controllo passaporti
コントロッロ　パッサポールティ

乗り継ぎ
coincidenza
コインチデーンツァ

パスポート
passaporto
パッサポールト

案内所
informazioni
インフォルマッツィオーネ

税関
dogana
ドガーナ

カート
carrello
カッレーッロ

両替所
cambio
カーンビョ

チェックインカウンター
banco del check in
バンコ　デル　チェッキン

機内・空港 / 宿泊 / 飲食 / 買い物 / 観光 / トラブル

✈ ≫ 空港から市内へ

交通機関の場所を聞く

① タクシー乗り場はどこですか。
Dov'è il posteggio taxi?
ドヴェー　イル　ポステッジョ　タクスィ

言い換え		
	バス乗り場	**la fermata dell'autobus** ラ　フェルマータ　デッラーウトブス
	シャトルバス乗り場	**la fermata della navetta** ラ　フェルマータ　デッラ　ナヴェッタ
	電車の駅	**la stazione dei treni** ラ　スタッツィオーネ　デイ　トレーニ
	レンタカーのカウンター	**l'autonoleggio** ラウトノレージョ

② 中心街行きのバスはありますか。
C'è un autobus per il centro?
チェ　ウナウトブス　ペル　イル　チェーントロ

言い換え		
	中央駅	**la stazione Centrale** ラ　スタッツィオーネ　チェントラーレ
	スペイン広場	**Piazza di Spagna** ピャッツァ　ディ　スパンニャ
	ウフィツィ美術館	**la galleria degli Uffizi** ラ　ガッレリーア　デッリ　ウッフィーツィ
	ヴェネツィア・サンタ・ルチーア駅	**la stazione di Venezia Santa Lucia** ラ　スタッツィオーネ　ディ　ヴェネーツィア　サンタ　ルチーア
	ドゥオーモ広場（大聖堂のある広場）	**Piazza Duomo** ピャッツァ　ドゥオーモ

空港から市内へ

タクシーの運転手に頼む

③ トランクを開けてください。
Può aprire il bagagliaio, per favore?
プオ アプリーレ イル バガッリャーイヨ ペル ファヴォーレ

言い換え

もっとゆっくり走って	guidare più lentamente グィダーレ ピュ レンタメンテ
荷物を手伝って	aiutarmi con i bagagli アユタールミ コン イ バガッリ
ここに行って	andare qui アンダーレ クィ
ここで停めて	fermarsi qui フェルマールスィ クィ

ひとくちメモ 「イタリアのタクシー」

イタリアでタクシーに乗りたいときは、タクシー乗り場に並んで待つか、ホテルや劇場で呼んでもらったり、直接タクシー会社に連絡して呼びます。日本のように、走っているタクシーを止めて乗ることはあまりありません。タクシーのドアは手動なので自分で開けます。座席は日本と同じく後部座席から乗り込みます。

タクシー 定番フレーズ CD1-38

- いくらくらいになりますか。　Quanto viene più o meno?
  クアント　ヴィエーネ　ピュ　オ　メーノ

- 4人乗れますか。　Possono salire quattro persone?
  ポッソノ　サリーレ　クァットロ　ペルソーネ

- この住所に行ってください。　Vada a questo indirizzo, per favore.
  ヴァーダ　ア　クェスト　インディリッツォ　ペル　ファヴォーレ

- 渋滞ですか。　C'è traffico?
  チェ　トラッフィコ

- いくらですか。　Quant'è?
  クァンテー

- ありがとう。おつりはとっておいてください。
  Grazie, tenga pure il resto.
  グラッツィエ　テンガ　プーレ　イル　レースト．

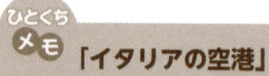

ひとくちメモ 「イタリアの空港」

　イタリアの空港は、日本の空港のようにサービスが行き届いていません。チェックインカウンターやセキュリティーチェックに長蛇の列ができることもしばしばです。とくに国際線に乗る場合は、搭乗時間に遅れるような事態を避けるためにも、出発時刻の3時間ほど前に空港に入ることをお勧めします。荷物の受け取りも、日本よりずっと時間が掛かります。

　空港にいるタクシーの運転手にも用心しましょう。運行しているタクシーの全てが法で定められた営業許可を持っているとは限らず、観光客をだまし、定められた運賃よりもずっと高く払わせる悪質なケースもあります。

場面別会話編

宿　泊

ミラノやローマのホテルではたいてい英語が通じますが、日本語専門のスタッフがいるホテルというのはほとんどありません。地方では、英語も通じないことがよくあります。このコーナーの単語やフレーズを使って、用件をイタリア語で伝えましょう。

🏢 ≫ 問い合わせ

客室のタイプ　　　　　　　　　　　　　　　　　CD1-39

① ツインルームをお願いします。
Vorrei una camera doppia.
ヴォッレーイ　ウナ　カーメラ　ドッピャ

言い換え

シングル（ルーム）	**singola** スィンゴラ
ダブル（ルーム）	**matrimoniale** マトリモニアーレ
トリプル（ルーム）	**tripla** トリープラ
バルコニー付きの	**con balcone** コン バルコーネ
高い階の	**ai piani alti** アイ ピャーニ アルティ
町が見える	**con vista sulla città** コン ヴィスタ スッラ チッター
海が見える	**con vista sul mare** コン ヴィスタ スル マーレ
庭が見える	**con vista sul giardino** コン ヴィスタ スル ジャルディーノ
バス付きの	**con vasca** コン ヴァスカ
シャワー付きの	**con doccia** コン ドッチャ
安い	**economica** エコノミカ

問い合わせ

料金を聞く

② 一泊あたりいくらですか。
Quanto costa la camera a notte?
クァント　コスタ　ラ　カーメラ　ア　ノッテ

言い換え

エキストラベッド	**un letto in più** ウン　レット　イン　ピュ
朝食	**la colazione** ラ　コラッツィオーネ
インターネットの接続	**la connessione a internet** ラ　コンネッスィオーネ　ア　インテルネット
ランドリーサービス	**il servizio di lavanderia** イル　セルヴィッツィオ　ディ　ラヴァンデリア

ひとくちメモ 「チップについて」

　チップの習慣があるのはホテルやレストランですが、近年のイタリアでは、チップの支払いは義務的なものではありません。とはいえ、サービスに満足したときなど、その気持ちを表すものとして支払うこともあるようです。もしレストランなどでチップを支払いたい場合は、会計の10パーセントを目安にするといいでしょう。

施設の有無を聞く

3 スパはありますか。
C'è il centro benessere?
チェ イル チェントロ ベネッセレ

言い換え

プール	**la piscina** ラ ピッシーナ
トレーニングジム	**la palestra** ラ パレーストラ
マッサージルーム	**il salone massaggi** イル サローネ マッサッジ
エステ	**il salone di bellezza** イル サローネ ディ ベッレッツァ
サウナ	**la sauna** ラ サウナ
レストラン	**il ristorante** イル リストラーンテ
コーヒーラウンジ	**la caffetteria** ラ カッフェッテリーア
バー	**il bar** イル バール
会議室	**la sala conferenze** ラ サーラ コンフェレンツェ
ビジネスセンター	**il centro affari** イル チェントロ アッファーリ
両替所	**il cambio** イル カーンビョ

問い合わせ

● ホテルロビーの単語

CD1-41

ドアマン
portiere
ポルティエーレ

レセプション
reception
レセプション

キャッシャー
cassiere 男 /
カッスィエーレ
cassiera 女
カッスィエーラ

コンシェルジュ
concierge
コンスィエルジュ

フロント
reception
レセプション

ロビー
hall
オッル

ベルボーイ
facchino
ファッキーノ

客室係
cameriere ai piani
カメリエーレ　アイ　ピャーニ

宿泊

🏢 》フロントで

希望を伝える
CD1-42

① チェックインをしたいのですが。
Vorrei fare il check in.
ヴォレーイ　ファーレ　イル　チェッキン

言い換え

チェックアウトをする	**fare il check out** ファーレ　イル　チェッカウト
予約をする	**prenotare** プレノターレ
キャンセルする	**cancellare la prenotazione** カンチェッラーレ　ラ　プレノタッツィオーネ
インターネットを使う	**usare internet** ウザーレ　インテルネット
ファクスを送る	**mandare un fax** マンダーレ　ウン　ファックス
部屋を替える	**cambiare camera** カンビャーレ　カーメラ
日本に電話をする	**telefonare in Giappone** テレフォナーレ　イン　ジャッポーネ
現金で支払う	**pagare in contanti** パガーレ　イン　コンターンティ
クレジットで支払う	**pagare con la carta di credito** パガーレ　コン　ラ　カルタ　ディ　クレーディト
もう1泊する	**soggiornare un'altra notte** ソッジョルナーレ　ウナールトラ　ノッテ
予定より1日早く発つ	**partire un giorno in anticipo** パルティーレ　ウン　ジョルノ　イナンティーチポ
先程の係の人と話す	**parlare con la persona di prima** パルラーレ　コン　ラ　ペルソーナ　ディ　プリーマ
荷物を預ける	**lasciare i bagagli** ラッシャーレ　イ　バガッリ

フロントで

② 鍵をください。
Può darmi la chiave?
プォ　ダールミ　ラ　キャーヴェ

言い換え
- 地図 : **una cartina** ウナ　カルティーナ
- 領収書 : **la ricevuta** ラ　リチェヴータ
- 名刺 : **il biglietto da visita** イル　ビッリェット　ダ　ヴィズィタ
- エキストラベッド : **un letto in più** ウン　レット　イン　ピュ

③ （勘定を）部屋に付けてもらえますか。
Può metterlo sul conto della mia camera?
プォ　メッテルロ　スル　コント　デッラ　ミア　カーメラ

言い換え
- 部屋に朝食を運んで : **portare la colazione in camera** ポルターレ　ラ　コラッツィオーネ　イン　カーメラ
- タクシーを呼んで : **chiamare un taxi** キャマーレ　ウン　タクスィ
- モーニングコール : **svegliarmi alle 7** スヴェッリャールミ　アッレ　セッテ
- 伝言を預かって : **prendere un messaggio** プレンデレ　ウン　メッサッジョ

館内設備の場所を聞く

4. レストランはどこですか。
Dov'è il ristorante?
ドヴェー イル リストラーンテ

ロビー（言い換え）	**la hall** ラ オッル
非常口	**l'uscita d'emergenza** ルッシータ ディメルジェンツァ
階段	**la scala** ラ スカーラ
エレベーター	**l'ascensore** ラッシェンソーレ
サウナ	**la sauna** ラ サウナ
バー	**il bar** イル バール
プール	**la piscina** ラ ピッシーナ
スパ	**il centro benessere** イル チェントロ ベネッセレ
ジム	**la palestra** ラ パレーストラ
美容室	**il parrucchiere** イル パッルッキェーレ
会議室	**la sala conferenze** ラ サーラ コンフェレンツェ
宴会場	**la sala banchetti** ラ サーラ バンケッティ
お手洗い	**il bagno** イル バンニョ

>> 部屋で

使いたいと伝える

CD1-44

① アイロンを使いたいのですが。

Posso avere il ferro da stiro?
ポッソ　アヴェーレ　イル　フェッロ　ダ　スティーロ

言い換え

ドライヤー	**l'asciugacapelli** ラッシューガカペッリ
体温計	**il termometro** イル　テルモーメトロ
プラグの変換	**un adattatore** ウナダッタトーレ
湯沸かしポット	**il bollitore elettrico** イル　ボッリトーレ　エレットリコ
インターネット	**internet** インテルネット

ひとくちメモ 「滞在税について」

イタリアでは、2011年から滞在税が導入されました。滞在税とは、イタリアの町に宿泊する旅行者が、1泊ごとに支払わなければならない税金です。金額はそれぞれの町やホテルのグレードによって変わります。宿泊税はホテルに直接、現金で支払います。

欲しいと伝える

② タオルをもう一枚ください。
Posso avere un altro asciugamano?
ポッソ　アヴェーレ　ウナールトロ　アッシュガマーノ

言い換え

毛布をもう一枚	**un'altra coperta** ウナールトラ　コペールタ
シーツをもう一枚	**un altro lenzuolo** ウナールトロ　レンツオーロ
シャンプー	**lo shampoo** ロ　シャンポ
リンス	**il balsamo** イル　バールサモ
石けん	**il sapone** イル　サポーネ
トイレットペーパー	**la carta igienica** ラ　カルタ　イジェーニカ
便せん	**della carta da lettera** デッラ　カルタ　ダ　レッテラ
封筒	**una busta da lettera** ウナ　ブスタ　ダ　レッテラ
マッチ	**dei fiammiferi** デイ　フィヤンミーフェリ

朝食を注文する

3. クロワッサンを2つください。
Due cornetti, per favore.
ドゥエ　コルネッティ　ペル　ファヴォーレ

言い換え

コーヒー	**Un caffè** ウン　カッフェー
紅茶	**Un tè nero (inglese)** ウン　テ　ネーロ　イングレーゼ
ミルク	**Del latte** デル　ラッテ
オレンジジュース	**Un succo d'arancia** ウン　スッコ　ダラーンチャ
ヨーグルト	**Uno yogurt** ウノ　ヨーグルト
シリアル	**Dei cereali** ディ　チェレアーリ
スクランブルエッグ	**Un uovo strapazzato** ウノーヴォ　ストラパッツァート
ポーチドエッグ	**Un uovo in camicia** ウノーヴォ　イン　カミーチャ
目玉焼き	**Un uovo all'occhio di bue** ウノーヴォ　アッロッキョ　ディ　ブーエ
ゆで卵	**Un uovo sodo** ウノーヴォ　ソード
バター	**Del burro** デル　ブーロ
グリーンサラダ	**Un'insalata verde** ウニンサラータ　ヴェールデ
フレッシュフルーツ	**Della frutta fresca** デッラ　フルッタ　フレースカ
生ハム	**Del prosciutto** デル　プロッシュット

● ホテルの部屋の単語

- エアコン **aria condizionata** アーリヤ コンディッツィオナータ
- テレビ **tv** ティヴー
- テーブル **tavolo** ターヴォロ
- ヒーター **riscaldamento** リスカルダメント
- 有料チャンネル **canali a pagamento** カナーリ ア パガメント
- 椅子 **sedia** セーディヤ
- カーテン **tenda** テーンダ
- シーツ **lenzuolo** レンツオーロ
- 枕 **cuscino** クッシーノ
- ソファー **divano** ディヴァーノ
- ベッド **letto** レット
- コンセント **presa** プレーザ
- アイロン **ferro da stiro** フェッロ ダ スティーロ
- 毛布 **coperta** コペルタ
- 目覚まし時計 **sveglia** ズヴェリャ
- 照明器具 **lampada** ランパダ
- ミニバー **frigobar** フリーゴバール
- セーフティーボックス **cassetta di sicurezza** カッセッタ ディ スィクレッツァ
- 電球 **lampadina** ランパディーナ
- クローゼット **armadio** アルマーディオ

CD1-46

● バスルームの単語

- シャンプー **shampoo** シャンポ
- リンス **balsamo** バールサモ
- ボディーソープ **gel doccia** ジェル ドッチャ
- シャワー **doccia** ドッチャ
- 石けん **sapone** サポーネ
- 浴室 **bagno** バンニョ
- タオル **asciugamano** アッシュガマーノ
- ヘアドライヤー **asciugacapelli** アッシューガカペッリ
- バスタブ **vasca da bagno** ヴァスカ ダ バンニョ
- 便器 **water** ヴァーテル
- 床 **pavimento** パヴィメント
- 鏡 **specchio** スペッキョ
- くし **pettine** ペッティネ
- 洗面台 **lavandino** ラヴァンディーノ
- カミソリ **rasoio** ラゾーイヨ
- 歯ブラシ **spazzolino** スパッツォリーノ

61

フロントで使う定番フレーズ

- 予約しておいた山田です。 / Ho una camera prenotata a nome Yamada.
- 空いている部屋はありますか。 / Ci sono camere libere?
- 2泊したいです。 / Vorrei soggiornare per due notti.
- すぐ部屋に入れますか。 / La camera è già pronta?
- 何時から部屋に入れますか。 / A che ora sarà pronta la camera?
- 何時に部屋を出なければなりませんか。 / A che ora devo lasciare la camera?
- 近くにスーパーマーケットはありますか。 / C'è un supermercato qui vicino?
- 荷物を預けておいてもいいですか。 / Posso lasciare i bagagli?
- 預けておいた荷物を受け取りたいです。 / Vorrei ritirare i bagagli.
- 日本語が話せる人はいますか。 / C'è qualcuno che parla giapponese?
- 朝ご飯は何時からですか。 / A che ora è la colazione?
- 私に何か伝言はありますか。 / Ci sono messaggi per me?

部屋で／トラブル

≫トラブル

故障している

① 電話が壊れています。
Il telefono non funziona.
イル　テレーフォノ　ノン　フンツィオーナ

言い換え		
	テレビ	**La tv** ラ ティヴー
	エアコン	**L'aria condizionata** ラリア コンディッツィオナータ
	鍵	**La chiave** ラ キャーヴェ
	セーフティーボックス	**La cassetta di sicurezza** ラ カッセッタ ディ スィクレッツァ
	ミニバー	**Il frigobar** イル フリーゴバール
	冷蔵庫	**Il frigorifero** イル フリゴリーフェロ
	目覚まし時計	**La sveglia** ラ ズヴェッリャ
	ラジオ	**La radio** ラ ラーディオ
	ドアロック	**La serratura** ラ セッラトゥーラ
	照明	**La luce** ラ ルーチェ

困ったときの定番フレーズ

- お湯が出ません。 — Non esce l'acqua calda.
- トイレの水が流れません。 — Non si tira l'acqua del water.
- 電球が付きません。 — La lampadina non si accende.
- 部屋がタバコ臭いです。 — La camera puzza di fumo.
- インターネットがつながりません。 — Internet non funziona.
- 鍵を部屋の中に置いて来てしまいました。 — Ho lasciato la chiave in camera.
- 部屋の鍵をなくしてしまいました。 — Ho perso la chiave della camera.
- ドアが開きません。 — La porta non si apre.
- 隣の部屋がうるさいです。 — La camera accanto è rumorosa.
- 部屋が汚れています。 — La camera è sporca.
- 暑すぎます。 — Fa troppo caldo.
- 寒すぎます。 — Fa troppo freddo.

場面別会話編

飲 食

旅の楽しみの一つにその土地の料理を味わうことがあります。海の幸や山の幸、様々な郷土料理が楽しめるレストラン、すてきなワインバーでのアペリティフやバールでのエスプレッソ、美味しいジェラートもイタリアならではの楽しみですね。

🍽️ 店を探す

店を探す

① 二ツ星レストランはありますか。
C'è un ristorante a due stelle?
チェ ウン リストラーンテ ア ドゥエ ステッレ

言い換え

ピザ専門店	**una pizzeria** ウナ ピッツェリーア
トラットリア	**una trattoria** ウナ トラットリーア
魚料理の店	**un ristorante di pesce** ウン リストラーンテ ディ ペッシェ
フランス料理の店	**un ristorante francese** ウン リストラーンテ フランチェーゼ
中華料理の店	**un ristorante cinese** ウン リストラーンテ チネーゼ
日本料理の店	**un ristorante giapponese** ウン リストラーンテ ジャッポネーゼ
三ツ星の店	**un ristorante a tre stelle** ウン リストラーンテ ア トレ ステッレ
お勧めの店	**un ristorante che mi consiglia** ウン リストラーンテ ケ ミ コンスィッリア
ベジタリアンの店	**un ristorante vegetariano** ウン リストラーンテ ヴェジェタリアーノ
郷土料理の店	**un ristorante di cucina regionale** ウン リストラーンテ ディ クチーナ レジョナーレ

店を探す

② おいしいレストランを探しています。
Sto cercando un buon ristorante.
 スト　チェルカーンド　ウン　ブォン　リストランテ

言い換え		
あまり高くないレストラン	**un ristorante non molto caro** ウン　リストラーンテ　ノン　モルト　カーロ
おしゃれなレストラン	**un ristorante elegante** ウン　リストラーンテ　エレガーンテ
おしゃれなカフェ	**una caffetteria alla moda** ウナ　カッフェッテリーア　アッラ　モーダ
おいしいバール	**un buon bar** ウン　ブォン　バール
パニーノ屋	**una paninoteca** ウナ　パニノテーカ
ジェラート店	**una gelateria** ウナ　ジェラテリーア
ワインバー	**un'enoteca** ウネノテーカ
ファストフード店	**un fast food** ウン　ファスト　フード
パン屋	**un panificio** ウン　パニフィーチョ

🍽 » バールで

飲み物を注文する 　　　　　　　　　　　　　　　　　　CD1-52

① エスプレッソをお願いします。
Un caffè, per favore.
ウン　カッフェー　ペル　ファヴォーレ

言い換え

カッフェ マッキアート	**Un caffè macchiato** ウン カッフェー マッキャート
アイスコーヒー	**Un caffè freddo** ウン カッフェー フレッド
カプチーノ	**Un cappuccino** ウン カップッチーノ
紅茶	**Un tè** ウン テ
レモンティー	**Un tè al limone** ウン テ アル リモーネ
ホットココア	**Una cioccolata calda** ウナ チョッコッラータ カルダ
フレッシュオレンジジュース	**Una spremuta d'arancia** ウナ スプレムータ ダラーンチャ
リンゴジュース	**Un succo di mela** ウン スッコ ディ メーラ
コーラ	**Una coca cola** ウナ コカコーラ
レモネード	**Una limonata** ウナ リモナータ
生ビール	**Una birra alla spina** ウナ ビッラ アッラ スピーナ
ハーブティー	**Una tisana** ウナ ティザーナ

食べ物を注文する

② **ハムサンド**をお願いします。
Un tramezzino al prosciutto cotto, **per favore.**
ウン　トラメッツィーノ　アル　プロッシュット　コット　ペル　ファヴォーレ

言い換え

コーンに入ったピスタチオのアイスクリーム	**Un cono al pistacchio** ウン　コーノ　アル　ピスタッキョ
カップに入ったチョコレートのアイスクリーム	**Una coppetta al cioccolato** ウナ　コッペッタ　アル　チョッコラート
チーズのホットサンド	**Un toast al formaggio** ウン　トスト　アル　フォルマッジョ
ツナのパニーノ	**Un panino al tonno** ウン　パニーノ　アル　トンノ
フォカッチャ	**Una focaccia** ウナ　フォカッチャ
ピアディーナ (薄い生地で中に具を挟んだパン)	**Una piadina** ウナ　ピヤディーナ
サラダ	**Un'insalata** ウニンサラータ
クロワッサン	**Un cornetto** ウン　コルネット
小さいピザ	**Una pizzetta** ウナ　ピッツェッタ
ボンボローネ (カスタードクリーム入りのドーナツ)	**Un bombolone** ウン　ボンボローネ
一切れのケーキ	**Una fetta di torta** ウナ　フェッタ　ディ　トルタ
マチェドニア (イタリア風フルーツポンチ)	**Una macedonia** ウナ　マチェドーニア

レストランを予約するとき・レストランに入るときの 定番フレーズ 　CD1-53

● 予約したいのですが。	Vorrei fare una prenotazione. ヴォッレーイ ファーレ ウナ プレノタッツォーネ
● 今晩です。	Per stasera. ペル スタセーラ
● 予約しています。	Ho prenotato. オ プレノタート
● 予約していませんが、大丈夫ですか。	Non ho prenotato, c'è un tavolo libero? ノン オ プレノタート チェ ウン ターヴォロ リーベロ⤴
● 2名です。	Siamo in due. スィアーモ イン ドゥーエ
● 注文はまだできますか。	È ancora possibile ordinare? エ アンコーラ ポッスィービレ オルディナーレ⤴
● 飲み物だけでも大丈夫ですか。	È possibile ordinare solo da bere? エ ポッスィービレ オルディナーレ ソロ ダ ベーレ⤴
● どのくらい待ちますか。	Quanto tempo si deve aspettare? クァント テンポ スィ デーヴェ アスペッターレ⤴
● 時間があまりないのですが。	Abbiamo poco tempo. アッビャーモ ポコ テンポ
● メニューを見てもいいですか。	È possibile vedere il menù? エ ポッスィービレ ヴェデーレ イル メヌー⤴
● コースメニューがありますか。	Avete un menù fisso? アヴェーテ ウン メヌー フィッソ⤴
● トランクを持って入ってもいいですか。	Posso entrare con la valigia? ポッソ エントラーレ コン ラ ヴァリージャ？⤴
● チャイルド・チェアがありますか。	Avete il seggiolino per bambini? アヴェーテ イル セッジョリーノ ペル バンビーニ⤴

席のリクエストをする　　　　　　　　　　　　　　　　　　　　　　CD1-54

③ 窓に近い席をお願いします。
Vorrei un tavolo vicino alla finestra.
ヴォッレーイ　ウン　ターヴォロ　ヴィチーノ　アッラ　フィネーストラ

言い換え

テラスの	**in terrazza** イン テッラッツァ
静かな	**tranquillo** トランクィッロ
奥の	**in fondo** イン フォーンド
オープンエア（外）の	**fuori** フォーリ
4人がけの	**per 4 persone** ペル クァットロ ペルソーネ

ひとくちメモ「レストランの営業時間、禁煙法について」

イタリアの一般的なレストランの営業時間は、日本と比べると遅めです。お目当てのお店がある方は事前に営業時間も確認しておきましょう。

また、イタリアでは2005年1月から禁煙法が施行されており、公共の場の、室内での喫煙は禁じられています。そのためレストランなどでも喫煙席はありません。屋外での喫煙は基本的に自由です。

メニューを頼む

④ メニューをください。
Può portare il menù?

日本語のメニュー	il menù in giapponese
英語のメニュー	il menù in inglese
ドリンクメニュー	la lista delle bevande
ワインメニュー	la carta dei vini
デザートメニュー	il menù dei dolci
セットメニュー	la carta dei menù set
コースメニュー	la carta dei menù fissi
ランチメニュー	il menù del pranzo
子供用メニュー	il menù per bambini
写真つきメニュー	il menù con le foto

● メニューに書いてある単語

Menú

コース料理	**menù fisso** メヌー フィッソ
本日の料理	**piatti del giorno** ピアッティ デル ジョールノ
オードブル / 前菜	**antipasti** アンティパースティ
第一の皿（パスタやスープ、リゾットなど）	**primi piatti** プリミ ピアッティ
第二の皿（メインディッシュ）	**secondi piatti** セコンディ ピアッティ
魚料理	**pesce** ペッシェ
肉料理	**carne** カールネ
野菜（付け合わせ）	**contorni** コントールニ
チーズ	**formaggi** フォルマッジ
デザート	**dolci** ドルチ
飲み物	**bevande** ベヴァンデ

飲み物を頼む

5 赤ワインをボトルでいただきます。
Una bottiglia di vino rosso, per favore.
ウナ　ボッティッリャ　ディ　ヴィーノ　ロッソ　ペル　ファヴォーレ

言い換え		
	プロセッコをグラスで	**Un bicchiere di prosecco** ウン　ビッキェーレ　ディ　プロセッコ
	白ワインを4分の1リットルのカラフで	**Un quarto di vino bianco** ウン　クァルト　ディ　ヴィーノ　ビャーンコ
	ロゼワインを2分の1リットルのカラフで	**Mezzo litro di vino rosè** メッゾ　リートロ　ディ　ヴィーノ　ロゼ
	生ビール	**Una birra alla spina** ウナ　ビッラ　アッラ　スピーナ
	食前酒	**Un aperitivo** ウナペリティーヴォ
	ミモザ (カクテル)	**Un mimosa** ウン　ミモーザ
	ベッリーニ (カクテル)	**Un bellini** ウン　ベッリーニ
	食後酒	**Un digestivo** ウン　ディジェスティーヴォ
	アマーロ (イタリアのリキュール。薬用酒のようなもの)	**Un amaro** ウナマーロ
	リモンチェッロ (甘いレモンリキュール)	**Un limoncello** ウン　リモンチェッロ
	オンザロックのウィスキー	**Un whisky con ghiaccio** ウン　ウィスキー　コン　ギャーッチョ
	ミネラルウォーター	**Un'acqua minerale** ウナックァ　ミネラーレ
	ミネラルウォーター炭酸入り	**Un'acqua gassata** ウナックァ　ガッサータ

前菜を注文する

⑥ **ブルスケッタ**をお願いします。
Una bruschetta, per favore.
ウナ　　　ブルスケッタ　　　ペル　ファヴォーレ

言い換え		
生ハムとメロン	**Un prosciutto e melone** ウン　プロッシュット　エ　メローネ	
前菜の盛り合わせ	**Un antipasto misto** ウナンティパースト　ミスト	
シーフードの盛り合わせ	**Un'insalata di mare** ウニンサラータ　ディ　マーレ	
ハムやサラミ、チーズの盛り合わせ	**Degli affettati e formaggi misti** デッリ　アッフェッターティ エ　フォルマッジ　ミースティ	

第一の皿（パスタやスープ、リゾットなど）を注文する

⑦ **ミラノ風リゾット**をお願いします。
Risotto alla milanese, per favore.
リゾット　　アッラ　　ミラネーゼ　　　ペル　ファヴォーレ

言い換え		
シーフード・スパゲティー	**Spaghetti allo scoglio** スパゲッティ　アッロ　スコッリョ	
ラザニア	**Lasagne** ラザンニェ	
ミートソースのニョッキ	**Gnocchi al ragù** ニョッキ　アル　ラグー	
ポルチーニ茸のタリアテッレ	**Tagliatelle ai funghi porcini** タッリャテッレ　アイ　フンギ　ポルチーニ	

メインディッシュを注文する

🎧 CD1-57

⑧ フィレンツェ風Tボーンステーキをお願いします。
Una bistecca alla fiorentina, per favore.
ウナ　ビステッカ　アッラ　フィオレンティーナ　ペル　ファヴォーレ

言い換え

ミラノ風カツレツ	**Una cotoletta alla milanese** ウナ　コトレッタ　アッラ　ミラネーゼ
ローマ風サルティンボッカ (仔牛と生ハムのセージ焼)	**Saltimbocca alla romana** サルティンボッカ　アッラ　ロマーナ
手長エビのグリル	**Scampi alla griglia** スカンピ　アッラ　グリッリャ
ミックスフライ	**Un fritto misto** ウン　フリット　ミースト

デザートを注文する

⑨ ティラミスをお願いします。
Un tiramisù, per favore.
ウン　ティラミスー　ペル　ファヴォーレ

言い換え

パンナコッタ	**Una panna cotta** ウナ　パンナ　コッタ
アッフォガート	**Un affogato al caffè** ウナッフォガート　アル　カッフェー
レモンシャーベット	**Un sorbetto al limone** ウン　ソルベット　アル　リモーネ
マチェドニア (イタリア風フルーツポンチ)	**Una macedonia** ウナ　マチェドーニア

料理の感想を言う

10 おいしいです。
È buono.
エ ブォーノ

すごくおいしい	**buonissimo** ブォニッスィモ
スパイシー	**piccante** ピッカーンテ
塩からい (塩味の)	**salato** サラート
甘い	**dolce** ドルチェ
味が濃い	**saporito** サポリート
味が薄い	**insipido** インスィーピド
かたい	**duro** ドゥーロ
やわらかい	**morbido** モールビド
熱い	**molto caldo** モルト カールド
さめている	**un po' freddo** ウン ポ フレッド
脂っこい	**unto** ウント

レストランでの定番フレーズ

- 何がお勧めですか。 — Che cosa ci consiglia?
- これは何ですか。 — Che cos'è questo?
- これは量がありますか。 — È abbondante?
- これは味が濃いですか。 — È saporito?
- グラスをもうひとつ持ってきていただけますか。 — Può portare un altro bicchiere?
- 注文したものが来ていません。 — La mia ordinazione non arriva.
- これは注文していません。 — Non ho ordinato questo.
- パンをお願いします。 — Del pane, per favore.
- とてもおいしかったです。 — Era molto buono.
- テイクアウトしてもいいですか。 — Posso portarlo a casa?
- 容器に入れていただけますか。 — Può metterlo in un contenitore?
- お勘定をお願いします。 — Il conto, per favore.
- 別々に支払います。 — Paghiamo separatamente.
- 計算ミスだと思います。 — Penso che ci sia un errore (nel conto).

● レストランの店内の単語   CD1-60

- ウェイトレス **cameriera** カメリェーラ
- メニュー **menù** メヌー
- ウェイター **cameriere** カメリェーレ
- シェフ **cuoco** クォーコ
- スプーン **cucchiaio** クッキャーイヨ
- グラス(脚つき) **calice** カーリチェ
- ナイフ **coltello** コルテッロ
- グラス(脚なし) **bicchiere** ビッキェーレ
- ナプキン **tovagliolo** トヴァッリョーロ
- 皿 **piatto** ピャット
- フォーク **forchetta** フォルケッタ

「イタリアの食事情」

イタリアには飲食店が数多くあり、その種類も豊富で、それぞれ呼び名が違います。"ristorante"(リストラーンテ)、その土地の名物を味わえる "trattoria"(トラットリーア)、ピザ専門店の "pizzeria"(ピッツェリーア)、ワインとともに料理や軽食を楽しめる "osteria"(オステリーア)、パニーニやホットサンド、おつまみや飲み物を提供する "paninoteca"(パニノテーカ)、カフェテリア形式の "tavola calda"(ターヴォラ カルダ)などです。

イタリアで普及している習慣として、"aperitivo" があります。アペリティフのことで、夕食の前、軽いおつまみとともにお酒を楽しみます。

この "aperitivo"(アペリティーポ)に似たものとして "happy hour"(ハッピー アワー)があり、特に若者に人気です。これはおもにバーやカフェなどで行っている、1杯のドリンク(アルコール飲料であるとないとに関わらず)を注文するとブュッフェ形式の食べ放題が付いてくる、というサービスで、色々食べているとそれだけで夕食になってしまうボリュームです。

場面別会話編

買い物

モーダの国イタリアには、日本でも有名なプラダやグッチ、ディーゼルなどのブランド店や、皮革製品、カシミアなどのニット製品を扱う店など、様々なショップが軒を連ねています。お気に入りの一品を見つけたら、ぜひイタリア語での買い物にチャレンジしてみましょう。

🎁 >> 店を探す

店を探す　　　　　　　　　　　　　　　　　　　CD1-61

① 市場はどこですか。
Dov'è il mercato?
ドヴェー　イル　メルカート

言い換え		
スーパーマーケット	**il supermercato**　イル　スーペルメルカート
商店街	**la zona commerciale**　ラ　ゾーナ　コンメルチャーレ
ショッピングモール	**il centro commerciale**　イル　チェントロ　コンメルチャーレ
デパート	**il grande magazzino**　イル　グランデ　マガッツィーノ
チーズ・サラミ専門店	**la salumeria**　ラ　サルメリア
ワイン専門店	**l'enoteca**　レノテーカ
免税店	**il negozio tax free**　イル　ネゴッツィオ　タックス　フリー
ブランド店	**il negozio di alta moda**　イル　ネゴッツィオ　ディ　アルタ　モーダ
アウトレット	**l'outlet**　ラウトレット
本屋	**la libreria**　ラ　リブレーリア

店を探す

売り場を探す

② 婦人服売り場はどこですか。

Dov'è il reparto abbigliamento donna?
ドヴェー イル レパルト アッピリャメント ドンナ

言い換え

紳士服	**abbigliamento uomo** アッピリャメント ウォーモ
子供服	**abbigliamento bambino** アッピリャメント バンビーノ
スポーツウェア	**abbigliamento sportivo** アッピリャメント スポルティーヴォ
婦人靴	**scarpe da donna** スカルペ ダ ドンナ
紳士靴	**scarpe da uomo** スカルペ ダ ウォーモ
バッグ	**borse** ボルセ
アクセサリー	**bigiotteria** ビジョッテリーア
化粧品	**cosmetici** コズメーティチ
革製品	**pelletteria** ペッレッテリア
食器	**articoli per la tavola** アルティーコリ ペル ラ ターヴォラ
インテリア用品	**articoli d'arredamento** アルティーコリ ダッレダメーント

🎁 >> 洋服・雑貨などの専門店で

服を買う

CD1-62

① Tシャツはありますか。
Avete magliette?
アヴェーテ　マッリェッテ

言い換え		
	ジャケット	**giacche** ジャッケ
	スーツ	**completi** コンプレーティ
	ワイシャツ	**camicie** カミーチェ
	ブラウス	**camicette** カミチェッテ
	ワンピース	**abiti** アービティ
	パンツ	**pantaloni** パンタローニ
	ジーンズ	**jeans** ジーンズ
	スカート	**gonne** ゴーンネ
	セーター	**maglioni** マッリョーニ
	コート	**cappotti** カッポッティ

洋服・雑貨などの専門店で

● 服飾店の単語

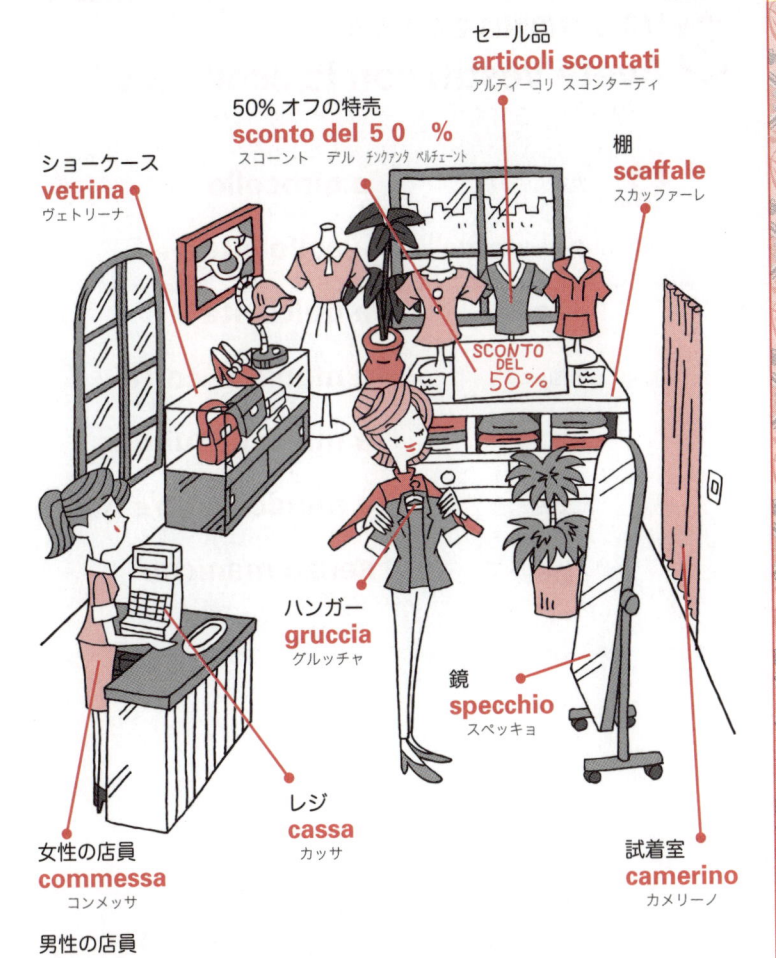

CD1-63

セール品
articoli scontati
アルティーコリ スコンターティ

50% オフの特売
sconto del 50%
スコーント デル チンクァンタ ペルチェーント

ショーケース
vetrina
ヴェトリーナ

棚
scaffale
スカッファーレ

ハンガー
gruccia
グルッチャ

鏡
specchio
スペッキョ

レジ
cassa
カッサ

女性の店員
commessa
コンメッサ

男性の店員
commesso
コンメッソ

試着室
camerino
カメリーノ

デザインについて尋ねる

CD1-64

② Vネックの服はありますか。
Avete vestiti con lo scollo a v?
アヴェーテ　ヴェスティーティ　コン　ロ　スコッロ　ア　ヴー

言い換え		
丸首	**a girocollo** ア　ジロコッロ
タートルネック	**a collo alto** ア　コッロ　アールト
ハイネック	**a dolcevita** ア　ドルチェヴィータ
半袖	**a maniche corte** ア　マニケ　コールテ
長袖	**a maniche lunghe** ア　マニケ　ルンゲ
七分袖	**a maniche a tre quarti** ア　マニケ　ア　トレ　クァルティ
ノースリーブ	**senza maniche** センツァ　マニケ

ひとくちメモ 「ブティックの買い物マナー」

気になる洋服があったらサイズ感を試しておきましょう。店員さんに一言 "Posso provarlo?"（試着してもいいですか?）と言いましょう。
ポッソ　プロヴァールロ

洋服・雑貨などの専門店で

生地について尋ねる

3 これは**シルク**ですか。
È di seta?
エ ディ セータ

綿 (言い換え)	**cotone** コトーネ
麻	**lino** リーノ
ウール	**lana** ラーナ
革	**pelle** ペッレ
カシミア	**cachemire** カシミール
本物の毛皮	**vera pelliccia** ヴェーラ ペッリッチャ
フェイクファー	**pelliccia finta** ペッリッチャ フィンタ
合成繊維	**tessuto sintetico** テッスート スィンテーティコ
レーヨン	**rayon** ライオン
ポリエステル	**poliestere** ポリエステレ
化学繊維	**fibre chimiche** フィーブレ キミケ
アクリル	**acrilico** アクリーリコ

色について尋ねる

④ これで赤はありますか。
Lo avete in rosso?
ロ　アヴェーテ　イン　ロッソ

黄色	**giallo** ジャッロ
緑	**verde** ヴェールデ
青	**azzurro** アッズーロ
紺	**blu** ブル
ピンク	**rosa** ローザ
オレンジ	**arancione** アランチョーネ
黒	**nero** ネーロ
白	**bianco** ビャーンコ
紫	**viola** ヴィオーラ
グレー	**grigio** グリージョ
茶	**marrone** マッローネ
ベージュ	**beige** ベイジュ

洋服・雑貨などの専門店で

サイズについて尋ねる

5 これのSサイズはありますか。

Lo avete S?
ロ　アヴェーテ　エッセ

言い換え		
Mサイズ	**M** エッメ	
Lサイズ	**L** エッレ	
これより小さいもの	**una taglia più piccola** ウナ　タッリャ　ピュ　ピッコラ	
これより大きいもの	**una taglia più grande** ウナ　タッリャ　ピュ　グラーンデ	
これより長いもの	**più lungo** ピュ　ルンゴ	
これより短いもの	**più corto** ピュ　コールト	

ひとくちメモ 「サイズについて」

イタリアでは、38、40、42…のようなサイズ表示が普通です（それぞれ、日本の7号、9号、11号くらいに相当）。S、M、Lの表示の場合、日本のものよりも大きめなので、必ずサイズを確認したり、試着してから買うことをお勧めします。

かばん・靴を買う

6 バッグはありますか。
Avete borse?
アヴェーテ　ボールセ

ショルダーバッグ	**borse a spalla** ボルセ ア スパッラ
ハンドバッグ	**borsette** ボルセッテ
スーツケース	**valigie** ヴァリージェ
リュック	**zaini** ザイニ
スニーカー	**scarpe da ginnastica** スカルペ ダ ジンナースティカ
サンダル	**sandali** サーンダリ
ハイヒール	**scarpe con i tacchi** スカルペ コン イ タッキ
ローヒール	**scarpe basse** スカルペ バッセ
ブーツ	**stivali** スティヴァーリ
歩きやすい靴	**scarpe comode** スカルペ コーモデ
スリッポン	**slip-on** スリッポン

洋服・雑貨などの専門店で

雑貨を買う

⑦ **財布**はありますか。
Avete portafogli?
アヴェーテ　ポルタフォッリ

ハンカチ	**fazzoletti di stoffa** ファッツォレッティ ディ ストッファ
スカーフ	**foulard** フラール
マフラー	**sciarpe** シャールペ
ネクタイ	**cravatte** クラヴァッテ
手袋	**guanti** グァンティ
傘	**ombrelli** オンブレッリ
折りたたみ傘	**ombrelli pieghevoli** オンブレッリ ピェゲーヴォリ
帽子	**cappelli** カッペッリ
サングラス	**occhiali da sole** オッキャーリ ダ ソーレ
ベルト	**cinture** チントゥーレ
キーホルダー	**portachiavi** ポルタキャーヴィ
ポーチ	**pochette** ポシェット

ギフト雑貨を買う

8. キーホルダーはありますか。
Avete portachiavi?
アヴェーテ　ポルタキャーヴィ

言い換え

マグカップ	**tazze** タッツェ
カレンダー	**calendari** カレンダーリ
エコバッグ	**shopping bag** ショッピング バッグ
テーブルクロス	**tovaglie da tavola** トヴァッリェ ダ ターヴォラ
エプロン	**grembiuli** グレンビューリ
栞（しおり）	**segnalibri** センニャリーブリ
手帳	**agende** アジェンデ
携帯電話のケース	**custodie per cellulari** クストーディエ ペル チェッルラーリ
携帯電話用のアクセサリー	**accessori per cellulari** アッチェッソーリ ペル チェッルラーリ
人形	**bambole** バーンボレ
ぬいぐるみ	**peluche** ペルーシュ
写真立て	**portafoto** ポルタフォート

洋服・雑貨などの専門店で

アクセサリーを買う

⑨ **ネックレス**はありますか。
Avete collane?
アヴェーテ　コッラーネ

言い換え		
	ピアス	**orecchini** オレッキーニ
	ペンダント	**ciondoli** チョーンドリ
	ブレスレット	**bracciali** ブラッチャーリ
	指輪	**anelli** アネッリ
	ブローチ	**spille** スピッレ
	ネクタイピン	**fermacravatta** フェルマクラヴァッタ
	カフスボタン	**gemelli** ジェメッリ
	腕時計	**orologi da polso** オロロッジ　ダ　ポールソ
	髪留め	**fermagli per capelli** フェルマッリ　ペル　カペッリ
	ピンバッヂ	**spillette** スピッレッテ
	チョーカー	**collane a girocollo** コッラーネ　ア　ジロコッロ
	アンクレット	**cavigliere** カヴィッリェーレ

化粧品を買う

⑩ 香水はありますか。
Avete profumi?
アヴェーテ　プロフーミ

乳液	**fluidi idratanti** フルーイディ　イドラタンティ
メイク落とし	**struccanti** ストゥルッカンティ
保湿クリーム	**creme idratanti** クレーメ　イドラタンティ
ファンデーション	**fondotinta** フォンドティンタ
パウダー	**ciprie** チープリエ
口紅	**rossetti** ロッセッティ
アイシャドウ	**ombretti** オンブレッティ
チーク	**fard** ファールド
マスカラ	**mascara** マスカーラ
オードトワレ	**acque di colonia** アックエ　ディ　コローニア
マニキュア	**smalti per unghie** ズマルティ　ペル　ウンギエ
除光液	**solventi per unghie** ソルヴェンティ　ペル　ウンギエ
日焼け止めクリーム	**creme solari** クレーメ　ソラーリ

洋服・雑貨などの専門店で

日用品を買う

⑪ 歯ブラシはありますか。
Avete spazzolini?
アヴェーテ　スパッツォリーニ

歯磨き粉	**dentifrici** デンティフリーチ
石けん	**saponi** サポーニ
シャンプー	**shampoo** シャンポ
リンス	**balsami** バールサミ
くし	**pettini** ペッティニ
かみそり	**rasoi** ラゾーイ
タオル	**asciugamani** アッシュガマーニ
電池	**pile** ピーレ
ナプキン	**tovaglioli di carta** トヴァッリョーリ ディ カルタ
ティッシュ	**fazzoletti di carta** ファッツォレッティ ディ カルタ
ウェットティッシュ	**salviette imbevute** サルヴィエッテ インベヴーテ
ビニール袋	**sacchetti di plastica** サッケッティ ディ プラースティカ
洗剤	**detersivi** デテルスィーヴィ
おむつ	**pannolini** パンノリーニ

文具を買う

12. ボールペンはありますか。
Avete biro?
アヴェーテ　ビーロ

サインペン（言い換え）	**pennarelli** ペンナレッリ
鉛筆	**matite** マティーテ
万年筆	**penne stilografiche** ペンネ スティログラーフィケ
便せん	**carta da lettera** カルタ ダ レッテラ
封筒	**buste da lettera** ブステ ダ レッテラ
ノート	**quaderni** クァデルニ
消しゴム	**gomme da cancellare** ゴンメ ダ カンチェッラーレ
メモ帳	**blocco note** ブロッコ ノーテ
ポストカード	**cartoline** カルトリーネ
はさみ	**forbici** フォルビチ
セロテープ	**scotch** スコッチ
定規	**righelli** リゲッリ

洋服・雑貨などの専門店で

ラッピングを頼む

⑬ 別々に包んでください。
Può incartarli separatamente, per favore?
プォ　インカルタールリ　セパラタメンテ　ペル　ファヴォーレ

言い換え

一緒に包んで	**incartarli insieme** インカルターレ　インスィエーメ
ギフト用に包んで	**fare un pacchetto regalo** ファーレ　ウン　パッケット　レガーロ
箱に入れて	**metterlo in una scatola** メッテルロ　イン　ウナ　スカートラ
紙袋に入れて	**metterlo in un sacchetto di carta** メッテルロ　イン　ウン　サッケット　ディ　カルタ
この袋に入れて	**metterlo in questo sacchetto** メッテルロ　イン　クェスト　サッケット
リボンをかけて	**metterci un fiocco** メッテルチ　ウン　フョッコ
値札をとって	**togliere il prezzo** トッリエレ　イル　プレッツォ
もう1枚袋を	**darmi un altro sacchetto** ダールミ　ウナールトロ　サッケット

人気ブランド名

CD1-70

プラダ	**Prada** ブラーダ
ドルチェ アンド ガッバーナ	**Dolce & Gabbana** ドルチェ エ ガッバーナ
アルマーニ	**Armani** アルマーニ
ヴェルサーチ	**Versace** ヴェルサーチェ
カヴァッリ	**Cavalli** カヴァッリ
グッチ	**Gucci** グッチ
ボッテガ ヴェネタ	**Bottega Veneta** ボッテーガ ヴェネタ
ブルガリ	**Bulgari** ブルガリ
フェラガモ	**Ferragamo** フェッラガーモ
フルラ	**Furla** フールラ
フェンディ	**Fendi** フェンディ
ベネトン	**Benetton** ベネットン
エトロ	**Etro** エートロ
マックス マーラ	**Max Mara** マックス マーラ
トッズ	**Tod's** トッズ

商品を見る・選ぶときの 定番フレーズ

- 見ているだけです。 — Sto solo guardando.
- 迷っています。 — Sono indeciso. (男) / Sono indecisa. (女)
- またにします。 — Torno un'altra volta.
- あれを見せてもらえますか。 — Può farmi vedere quello?
- ショーウィンドウのものを見せてもらえますか。 — Può farmi vedere quello in vetrina?
- これを試着できますか。 — Posso provarlo?
- もっと安いのはありませんか。 — Avete qualcosa di più economico?
- これをください。 — Prendo questo.
- 触ってもいいですか。 — Posso toccarlo?
- これはもっとありますか。 — Ne avete altri di questo?
- 他の色はありますか。 — Lo avete in un altro colore?
- もう少し店の中を見せてください。 — Do ancora un'occhiata in negozio.
- 今の時期、セールはありますか。 — Ci sono sconti in questo periodo?
- 必要なら交換できますか。 — In caso è possibile cambiarlo?

支払いの時の 定番フレーズ　CD1-72

● 全部でいくらになりますか。	Quanto viene in tutto?
● クレジットカードで払えますか。	Posso pagare con la carta di credito?
● JCBカードで払えますか。	Posso pagare con la carta JCB?
● 小銭がありません、ごめんなさい。	Scusi, non ho spiccioli.
● おつりが足りないのですが。	Il resto è sbagliato.
● 値引きがあったのではありませんか。	Non era scontato?
● 領収書をお願いします。	Può darmi la ricevuta?

買ったものを日本に送るときの 定番フレーズ　CD1-73

● 日本に送ることは出来ますか。	È possibile spedirlo in Giappone?
● どのくらい時間が掛かりますか。	Quanto tempo ci vuole?
● 送料はいくらですか。	Quanto costa la spedizione?
● 荷物に保険は掛かっていますか。	La spedizione è assicurata?

ひとくちメモ 「イタリアでのショッピング」

　イタリアは世界にファッションの国として知られており、洗練されたスタイル、センスの良さにも定評があります。イタリア全国、すべての町にいろいろな店が軒を並べる通りなどがあり、買い物をすることができます。イタリアのおもなショッピング通りとしては、ミラノのモンテナポレオーネ通り、ローマのコンドッティ通り、フィレンツェのトルナブォーニ通りなどが挙げられ、とても有名です。

　お店の営業時間は町によって異なりますが、9時から10時ごろに開店し、19時半から20時半ごろに閉店するのが一般的です。最近は大手のチェーン店や観光地の店などが、昼休みを挟まずに営業するケースもありますが、イタリアではだいたい12時半から15時半頃までのあいだ（これも町によって異なります）、昼休みを取るのが普通です。

　営業日としては、おもに日曜日と、月曜日の午前中が休みという店が多いようです。

　また、イタリアのバーゲン（saldi）は年に2回あり、冬は1月の第2週、夏は7月の第2週から始まります。

　また近年では、バーゲンの時期でなくても、アウトレットモールなどでお得にショッピングを楽しむ観光客も多く、アウトレットめぐりを盛り込んだツアーなどもあるようです。

ひとくちメモ 「イタリアの電車」

イタリアの鉄道には様々な種類の電車があり、以下のように分けることができます。

鉄道会社 "Ferrovie dello Stato"（フェッロヴィーエ デッロ スタート）（略称 "FS"）によって運行されているのは、

① 全ての駅に停車する普通電車 Regionali（レジョナーリ）
② 停車駅も少なく主要都市間を結ぶ "Inter City"（インテル スィーティー）
③ "Inter City"（インテル スィーティー）と高速電車 Alta Velocità（アルタ ヴェロチタ）の間のカテゴリーの "Frecciabianca"（フレッチャビャーンカ）
④ 高速電車の "Frecciarossa"（フレッチャロッサ）と "Frecciargento"（フレッチャルジェーント）

の4種類です。

そして、これらの電車に加え、鉄道会社 "Nuovo Trasporto Viaggiatori"（ヌオーヴォ トラスポールト ヴィアッジャトーリ）（略称 "NTV"）によって運行されている高速電車 "Italo"（イータロ）があります。

電車の切符は駅で買うか、インターネットのサイトで購入することができます。それぞれの鉄道会社のサイトで、時間や停車駅などの情報を入手したり、切符を購入したりすることができます。英語版のサイトもあります。

FS　www.trenitalia.com/
NTV　www.italotreno.it/

出発の前にサイトをチェックして、電車に乗る日にストライキ（sciopero）がないか確認することをお勧めします。残念ながらイタリアではストライキが頻発し、電車やバス、地下鉄など、全ての交通機関で同時に行われます。

場面別会話編

観 光

観光大国イタリアでは、各地の世界遺産、旧市街の趣のある路地や数々の美術館、さらにサッカー観戦やオペラ観劇など、楽しみたいエンターテイメントが数限りなくあります。定番フレーズを使って、心ゆくまで旅を味わいましょう。

観光案内所で

観光名所への行き方を尋ねる

① コロッセオへはどうやって行ったらいいですか。

Mi può dire come andare al Colosseo?
ミ プォ ディーレ コメ アンダーレ アル コロッセーオ

言い換え	「サン・シーロ」スタジアム	**allo stadio "San Siro"** アッロ スターディオ サン スィーロ
	ヴェッキオ橋	**al Ponte Vecchio** アル ポンテ ヴェッキョ
	スカラ座	**al Teatro alla Scala** アル テアートロ アッラ スカーラ
	モンテナポレオーネ通り	**in via Montenapoleone** イン ヴィア モンテナポレオーネ
	卵城	**al Castel dell'Ovo** アル カステル デッルォーヴォ
	リアルト橋	**al ponte di Rialto** アル ポンテ ディ リアールト
	ヴァチカン美術館	**ai Musei Vaticani** アイ ムゼーイ ヴァティカーニ
	カンポ広場	**a piazza del Campo** ア ピャッツァ デル カンポ
	トレヴィの泉	**alla Fontana di Trevi** アッラ フォンターナ ディ トレーヴィ
	サンタ・マリア・デッレ・グラツィエ教会	**alla chiesa di Santa Maria delle Grazie** アッラ キェーザ ディ サンタ マリーア デッレ グラッツィエ

観光案内所で

都市への行き方を尋ねる

② ローマへはどう行ったらいいですか。
Mi può dire come andare a Roma?
ミ プォ ディーレ コメ アンダーレ ア ローマ 🕐

言い換え

ミラノ	**Milano** ミラーノ
フィレンツェ	**Firenze** フィレンツェ
ヴェネツィア	**Venezia** ヴェネーツィア
アマルフィ	**Amalfi** アマルフィ
ピサ	**Pisa** ピーサ
ナポリ	**Napoli** ナーポリ
タオルミーナ	**Taormina** タオルミーナ
アルベロベッロ	**Alberobello** アルベロベッロ
アッシジ	**Assisi** アッスィーズィ
ラヴェンナ	**Ravenna** ラヴェンナ
ペルージャ	**Perugia** ペルージャ

目的の場所がどこか尋ねる

3 この辺りに**美術館**はありますか。
C'è un museo qui vicino?
チェ ウン ムゼーオ クィ ヴィチーノ

言い換え

タクシー乗り場	**un posteggio taxi** ウン ポステッジョ タクスィ
観光案内所	**un ufficio turistico** ウヌッフィーチョ トゥリースティコ
市場	**un mercato** ウン メルカート
お土産屋	**un negozio di souvenir** ウン ネゴッツィオ ディ スーベニール
歴史的建造物	**un monumento storico** ウン モヌメント ストーリコ
映画館	**un cinema** ウン チーネマ
劇場	**un teatro** ウン テアートロ
公園	**un parco** ウン パールコ
郵便局	**un ufficio postale** ウヌッフィーチョ ポスターレ
交番	**un posto di polizia** ウン ポスト ディ ポリツィーア
薬局	**una farmacia** ウナ ファルマチーア
病院	**un ospedale** ウノスペダーレ

CD2-2

観光案内所で

希望を伝える

④ ワインカーブを訪ねたいのですが。
Vorrei visitare una cantina.
ヴォッレーイ　ヴィズィターレ　ウナ　カンティーナ

観光バスに乗る	**prendere un autobus turistico** プレンデレ　ウナーウトブス　トゥリースティコ
ゴンドラでひと回りする	**fare un giro in gondola** ファーレ　ウン　ジーロ　イン　ゴンドラ
ヴァポレット（ヴェネツィアの水上バス）に乗る	**prendere il vaporetto** プレンデレ　イル　ヴァポレット
ヴァチカン市国を訪ねる	**visitare la Città del Vaticano** ヴィズィターレ　ラ　チッタ　デル　ヴァティカーノ
地中海でクルーズをする	**fare una crociera nel Mediterraneo** ファーレ　ウナ　クロチェーラ　ネル　メディテッラーネオ
世界遺産を訪ねる	**visitare dei luoghi patrimonio dell'umanità** ヴィズィターレ　デイ　ルォーギ　パトリモニオ　デッルマニータ
モンテナポレオーネ通りでショッピングをする	**fare shopping in via Montenapoleone** ファーレ　ショッピング　イン　ヴィーア　モンテナポレオーネ
お土産を買う	**comprare dei souvenir** コンプラーレ　デイ　スーヴェニール
料理教室に参加する	**partecipare a un corso di cucina** パルテチパーレ　ア　ウン　コルソ　ディ　クチーナ

言い換え 伝統工芸の店を訪ねる	**visitare un negozio di artigianato** ヴィズィターレ ウン ネゴッツィオ ディ アルティジャナート
ガイド付き見学に参加する	**partecipare a una visita guidata** パルテチパーレ ア ウナ ヴィズィタ グィダータ
ピサの斜塔に上る	**salire sulla torre di Pisa** サリーレ スッラ トッレ ディ ピーザ
美術館を訪ねる	**visitare un museo** ヴィズィターレ ウン ムゼーオ
テニスの試合を見る	**guardare una partita di tennis** グァルダーレ ウーナ パルティータ ディ テンニス
スタジアムまでの行き方を知る	**sapere la strada per andare allo stadio** サペーレ ラ ストラーダ ペル アンダーレ アッロ スターディオ
バールでサッカーの試合を見る	**guardare le partite di calcio in un bar** グァルダーレ レ パルティーテ ディ カールチョ イン ウン バール
車を借りる	**affittare una macchina** アッフィッターレ ウーナ マッキナ
アッシジとペルージャを訪ねる	**visitare Assisi e Perugia** ヴィズィターレ アッスィーズィ エ ペルージャ
トゥルッロに宿泊する	**soggiornare in un trullo** ソッジョルナーレ イン ウン トゥルッロ

観光案内所で

希望を伝える
CD2-3

⑤ オペラを見に行きたいのですが。
Vorrei andare a vedere l'opera.
ヴォッレーイ　アンダーレ　ア　ヴェデーレ　ローペラ

言い換え

サッカーの試合を見に	**a vedere una partita di calcio** ア　ヴェデーレ　ウナ　パルティータ　ディ　カールチョ
劇場に	**a teatro** ア　テアートロ
映画館に	**al cinema** アル　チーネマ
コンサートに	**a un concerto** ア　ウン　コンチェールト
アペリティフをしに	**a fare l'aperitivo** ア　ファーレ　ラペリティーヴォ
ミラノの大聖堂（ドゥーオモ）に	**al Duomo di Milano** アル　ドゥオーモ　ディ　ミラーノ
青の洞窟に	**alla Grotta Azzurra** アッラ　グロッタ　アッズーラ

ひとくちメモ 「スイスでも話されるイタリア語」

イタリア語は、スイスの公用語の1つでもあり、イタリアと国境を接するスイス南部の地域（ティチーノ地方、グラウビュンデン地方）において、主に使用されています。

ツアーに参加するときの 定番フレーズ

- ホテルまで迎えに来てもらえますか。 Può venire a prendermi in hotel?
- 自由時間はありますか。 Avremo un po' di tempo libero?
- 入場料は料金に含まれていますか。 Il prezzo d'ingresso ai vari luoghi è incluso?
- 食事代は料金に含まれていますか。 I pasti sono inclusi nel prezzo?
- バスにトイレは付いていますか。 C'è il bagno sull'autobus?
- 買い物ができるところに止まりますか。 Ci fermeremo vicino a una zona commerciale?
- バスで Wi-Fi が使えますか。 C'è il Wi-Fi sull'autobus?
- 集合場所はどこですか。 Dov'è il luogo d'incontro?
- 集合時間は何時ですか。 A che ora è l'incontro?
- 帰りはどこで解散ですか。 Dove si conclude il tour?
- 何時に解散ですか。 A che ora si conclude il tour?

乗り物を利用する

乗り物のチケットを買う

① 回数券をください。
Un biglietto multicorse, per favore.
ウン ビッリェット ムルティコルセ ペル ファヴォーレ

言い換え

切符1枚	**Un biglietto** ウン ビッリェット
往復1枚	**Un biglietto andata e ritorno** ウン ビッリェット アンダータ エ リトルノ
片道1枚	**Un biglietto solo andata** ウン ビッリェット ソロ アンダータ
一等席	**Un biglietto di prima classe** ウン ビッリェット ディ プリマ クラッセ
二等席	**Un biglietto di seconda classe** ウン ビリェット ディ セコンダ クラッセ
大人1枚	**Un biglietto per adulti** ウン ビッリェット ペル アドゥルティ
子供1枚	**Un biglietto per bambini** ウン ビッリェット ペル バンビーニ
一日券／ 1日券	**Un biglietto giornaliero** ウン ビッリェット ジョルナリエーロ

ひとくちメモ 「交通機関の切符について」

乗り物の切符を買ったら、乗車する前に必ず刻印するようにしましょう。地下鉄は改札で、バスは車内にある刻印機、電車はホームに備え付けられた刻印機に切符を通して、乗車した日時を刻印し、有効化します。切符に刻印がされていない場合、罰金を支払わされることもありますので、忘れないようにしましょう。

電車に乗るときの 定番フレーズ　　CD2-6

● ピサに行くにはどの電車に乗ればいいですか。	Che treno devo prendere per andare a Pisa?
● 2番ホームはどこですか。	Dov'è il binario 2?
● ヴェローナに行くのに乗り換えはありますか。	Devo cambiare treno per andare a Verona?
● どこで乗り換えですか。	Dove devo cambiare treno?
● 空港行きはどのホームですか。	Da che binario parte il treno per l'aeroporto?
● この切符でアレッツォまで行けますか。	Posso andare a Arezzo con questo biglietto?
● この電車が、トリノ行きですか。	È questo il treno per Torino?
● どこで切符に刻印すればいいですか。	Dove devo obliterare il biglietto?
● 電車の座席は決められていますか。	I posti sul treno sono assegnati?

バスに乗るときの 定番フレーズ

● バスの停留所はどこですか。	Dov'è la fermata dell'autobus?
● このバスはプレビシート広場に行きますか。	Questo autobus va a piazza del Plebiscito?
● サンタクローチェ聖堂に行くにはどこで降りたらいいですか。	Dove devo scendere per andare alla basilica di Santa Croce?
● ヴァチカンまであといくつですか。	Quante fermate mancano al Vaticano?
● スフォルツェスコ城に着いたら、教えていただけますか。	Può avvisarmi quando arriviamo al Castello Sforzesco?
● 空港行きの次のバスは何時ですか。	A che ora parte il prossimo autobus per l'aeroporto?
● ドアを開けてください！	Apra la porta, per favore.
● 降ります！	Devo scendere qui.
● どこで切符に刻印したらいいですか。	Dove devo obliterare il biglietto?
● この切符はまだ使えますか。	Questo biglietto è ancora valido?

タクシーに乗る

CD2-8

② サンタ・マリア・ノヴェッラ駅までお願いします。

Alla stazione Santa Maria Novella, per favore.
アッラ　スタツィオーネ　サンタ　マリア　ノヴェッラ　ペル　ファヴォーレ

言い換え

この住所	**A questo indirizzo** ア クエスト インディリッツォ
このホテル	**A questo hotel** ア クエスト オテル
このレストラン	**A questo ristorante** ア クエスト リストラーンテ
フェニーチェ劇場	**Al teatro La Fenice** アル テアートロ ラ フェニーチェ
フィウミチーノ空港	**All'aeroporto di Fiumicino (Leonardo da Vinci)** アッラエロポルト ディ フィウミチーノ／レオナルド ダ ヴィンチ
最寄りの病院	**All'ospedale più vicino** アッロスペダーレ ピュ ヴィチーノ
最寄りの警察署	**Alla stazione di polizia più vicina** アッラ スタツィオーネ ディ ポリツィーア ピュ ヴィチーナ
一番近い地下鉄の駅	**Alla fermata della metro più vicina** アッラ フェルマータ デッラ メートロ ピュ ヴィチーナ

観光スポットで

チケットを買う

1. 大人1枚お願いします。
Un biglietto per adulti, per favore.

言い換え		
学生2枚	Due biglietti per studenti
子供1枚	Un biglietto per bambini
シニア3枚	Tre biglietti per anziani
特別展1枚	Un biglietto per l'esposizione temporanea
常設展1枚	Un biglietto per l'esposizione permanente

ひとくちメモ 「美術館での割引」

イタリアの美術館では、団体、学生など、入場料の割引がある場合があります。入場券を買う前に、割引（sconto スコーント）があるかどうか聞いてみましょう。"ci sono sconti per studenti / gruppi / bambini / anziani?"「学生／団体／子供／シルバー割引がありますか。」

観光スポットで使う 定番フレーズ

- 案内図をもらえますか。 — Può darmi una mappa, per favore?
- 日本語の音声ガイドはありますか。 — Avete l'audioguida in giapponese?
- 日本語のパンフレットはありますか。 — Avete l'opuscolo in giapponese?
- ロッカーはありますか。 — C'è il deposito bagagli?
- ここは有料ですか。 — Qui è a pagamento?
- ここは無料ですか。 — Qui è gratis?
- ガイド付き見学は何時ですか。 — A che ora è la visita guidata?
- 見学はどのくらい時間がかかりますか。 — Quanto dura la visita?
- トイレはどこですか。 — Dov'è il bagno?
- 車椅子は入れますか。 — Può entrare la sedia a rotelle?
- 入場料はいくらですか。 — Quanto costa l'ingresso?
- 入場券はどこで買えますか。 — Dove posso comprare il biglietto d'ingresso?
- 待ち時間はどれくらいですか。 — Quanto si deve aspettare?

観光スポットで

許可を得る

CD2-11

② 入ってもいいですか。
Posso entrare?
ポッソ　エントラーレ

荷物を持って入っても	**entrare con i bagagli** エントラーレ　コン　イ　バガッリ
再入場しても	**rientrare** リエントラーレ
触っても	**toccare** トッカーレ
ここに座っても	**sedermi qui** セデルミ　クィ

ひとくちメモ

「入ってもいいですか」は "Posso?" だけでもよく使われます。ドアの前でこの表現を言うと、部屋にいる人は "Prego."（どうぞ）と言います。
フレーゴ

写真を撮る

③ 写真を撮ってもいいですか。
Posso fare foto?
ポッソ　ファーレ　フォート

ここで写真を撮っても	**fare foto qui** ファーレ　フォート　クィ
フラッシュを使っても	**usare il flash** ウザーレ　イル　フレッシュ
ビデオに撮っても	**fare un video** ファーレ　ウン　ヴィーデオ

写真を撮ってもらうときの 定番フレーズ

- 写真を撮っていただけますか。 **Può farmi una foto?**
- 一緒に写真を撮ってもいいですか。 **Possiamo fare una foto insieme?**
- ここを押してください。 **Prema qui, per favore.**
- もう1枚お願いできますか。 **Può fare un'altra foto, per favore?**
- これが入るように撮っていただけますか。 **Può farmi una foto inquadrando anche questo?**
- 全体が入るように撮っていただけますか。 **Può inquadrarlo tutto?**
- フラッシュを使ってくださいますか。 **Può usare il flash?**
- フラッシュを使わないでくださいますか。 **Può togliere il flash?**
- 全身が入るように撮っていただけますか。 **Può fare una foto a figura intera?**
- アップで撮っていただけますか。 **Può fare un primo piano?**
- このカメラでも写真を撮っていただけますか。 **Può fare una foto anche con questa macchina fotografica?**

観光スポットで

舞台を鑑賞するときの 定番フレーズ　CD2-13

● 指定席ですか。	I posti sono numerati?
● 当日券はありますか。	È possibile comprare i biglietti il giorno dello spettacolo?
● その席からは舞台全体が見えますか。	Da questo posto si vede tutto il palco?
● 一番安い席でお願いします。	Il biglietto meno caro, per favore.
● 正面席がいいのですが。	Vorrei un posto davanti al palco.
● 通路の横の席がいいのですが。	Vorrei un posto accanto al corridoio.
● 隣り合わせで座りたいのですが。	Vorremmo due posti vicini.
● 日本語（英語の）の音声ガイドはありますか。	C'è l'audioguida in giapponese (inglese)?
● 劇場内で写真を撮ってもいいですか。	Posso fare foto in teatro?
● 公演のプログラムをいただけますか。	Posso avere il libretto dello spettacolo?

📷 » サッカー観戦

応援するときの 定番フレーズ　　CD2-14

がんばれ！	Forza!
いけ！	Vai!
うまい！	Bravo!
やったー！	Evviva!
危ない！	Attenzione!
ああ、危なかった。	C'è mancato poco!
惜しい！	C'era quasi!
すごいゴール！	Che goal!
えらいぞ！	Grande!
勝った。	Abbiamo vinto.
負けた。	Abbiamo perso.
あなたのファンです。	Sono un tuo fan. 男
	Sono una tua fan. 女
サインをいただけませんか？	Può farmi l'autografo?
広場に祝いに行こう。	Andiamo a festeggiare in piazza.

サッカー観戦に関する用語

スタジアム	stadio	スターディオ
ピッチ	campo	カンポ
アウェイ	fuori casa	フォーリ カーザ
試合	partita	パルティータ
キックオフ	calcio d'inizio	カルチョ ディニッツィオ
前半	primo tempo	プリモ テンポ
後半	secondo tempo	セコンド テンポ
延長戦	tempi supplementari	テンピ スップレメンターリ
パス	passaggio	パッサッジョ
シュート	tiro	ティーロ
ゴール	goal	ゴール
セーブ	parata	パラータ
クロス	cross	クロッソ
オフサイド	fuorigioco	フォーリジョーコ
カウンター	contrattacco	コントラッタッコ
ファウル	fallo	ファッロ
ボール	palla	パッラ
チーム	squadra	スクァードラ
サッカー選手	calciatore	カルチャトーレ
ゴールキーパー	portiere	ポルティエーレ
ディフェンダー	difensore	ディフェンソーレ
ミッドフィルダー	centrocampista	チェントロカンピースタ
フォワード	attaccante	アッタッカンテ
監督	allenatore	アッレナトーレ
審判	arbitro	アールビトロ
イエローカード	cartellino giallo	カルテッリーノ ジャッロ
レッドカード	cartellino rosso	カルテッリーノ ロッソ
ダービーマッチ	derby	デルビー

ひとくちメモ 「楽しい旅にするために」

　比較的治安の良いイタリアですが、外国人観光客はどうしても目立つもの。標的にされやすく、スリやひったくりなどの被害に遭ってしまうことも。夜遅くに人気のない場所や駅の裏などを歩かない、カバンは車道側に持たない、カバンの口は常に閉め、しっかりと体に引きつけて持つなど少し注意し、トラブルを未然に防ぐようにしましょう。

　タクシーやレストランで不当な金額を請求された、お釣りをごまかされた、といったことも、残念ながらしばしば耳にするケースです。そのような被害に遭わないためにも、請求された金額はしっかり確認し、不明なところは確認しましょう。また、イタリアでは、お釣りを確認するのは決して悪いことではありません。お店の人も悪気がなくうっかりしていることもあるので、お釣りが足りないときは、遠慮せず、きちんと丁寧にその旨を伝えましょう。

　イタリア人は積極的・・・確かにそうですが、まともな人はそこまで強引なナンパはしないもの。あまりにもしつこい人にはきちんと不愉快だという意思を表しましょう。現地の方たちも知らない人に対してはそれなりに警戒しています。

　せっかくの旅、むやみに恐れる必要はありませんが、ちょっとした工夫や用心を心がけ、さらに安全に楽しみましょう。

場面別会話編

トラブル

旅行中、紛失や盗難などのトラブルに遭ったとき、イタリア語で助けを求めたり、説明しなくてはならない状況に置かれることがあります。ここでは、そのような場面で使える表現を紹介します。

>> トラブルに直面！

とっさの一言

助けて！	**Aiuto!** アユート
やめてください！	**La smetta!** ラ ズメッタ
痛いです！	**Mi fa male!** ミ ファ マーレ
はなしてください！	**Mi lasci!** ミ ラッシ
さわらないで！	**Non mi tocchi!** ノン ミ トッキ
泥棒！	**Al ladro!** アル ラードロ
火事だ！	**Al fuoco!** アル フォーコ
来てください！	**Venga!** ヴェンガ
気をつけて！	**Attenzione!** アッテンツィオーネ
早く逃げて！	**Scappa!** スカッパ
あの人をつかまえて！	**Prendete quella persona!** プレンデーテ クェッラ ペルソーナ
危ないですよ。	**È pericoloso.** エ ペリコローゾ
ごめんなさい。	**Mi scusi.** ミ スクーズィ

トラブルに直面！

助けを呼ぶ　　　　　　　　　　　　　　　　　　　　　CD2-17

① 警察を呼んで！
Chiami la polizia.
キャーミ　ラ　ポリツィーア

言い換え		
	医者を	**un medico** ウン　メーディコ
	救急車を	**l'ambulanza** ランブラーンツァ
	家族を	**la mia famiglia** ラ　ミア　ファミッリャ
	ガイドを	**la guida** ラ　グィーダ
	日本語がわかる人を	**qualcuno che parla giapponese** クァルクーノ　ケ　パルラ　ジャッポネーゼ
	英語がわかる人を	**qualcuno che parla inglese** クァルクーノ　ケ　パルラ　イングレーゼ
	誰かを	**qualcuno** クァルクーノ

ひとくちメモ 「緊急時の連絡先」

緊急の場合は以下の番号に連絡しましょう。すべての通話は無料です。

112 （イタリア国防省所属の）国家治安警察隊　**carabinieri**
　　　　　　　　　　　　　　　　　　　　　　カラビニェーリ
113 警察　**polizia**
　　　　　ポリツィーア
115 消防署　**vigili del fuoco**
　　　　　　ヴィージリ　デル　フォーコ
116 ロードサービス　**soccorso stradale**
　　　　　　　　　　ソッコールソ　ストラダーレ
118 医療センター　**assistenza sanitaria**
　　　　　　　　　アッシステンツァ　サニタリーア

盗難に遭った

② 道でひったくりに遭いました。
Mi hanno derubato in strada.
ミ　アンノ　デルバート　イン　ストラーダ

メトロで	**in metro** イン　メートロ
海岸で	**in spiaggia** イン　スピアッジャ
レストランで	**al ristorante** アル　リストラーンテ
スタジアムで	**allo stadio** アッロ　スターディオ
公園で	**al parco** アル　パールコ
バスで	**sull'autobus** スッラーウトブス
ショッピングモールで	**al centro commerciale** アル　チェントロ　コンメルチャーレ
音楽フェスティバルで	**al festival musicale** アル　フェスティヴァル　ムズィカーレ

ひとくちメモ 「盗難に備えて」

ここ数年、iPhone、携帯電話をひったくられるケースが目に見えて増えています。地下鉄の中や道で歩きながら電話やカメラ機能を使用していると目をつけられる恐れがあります。周りへの注意を怠らないようにしましょう。

トラブルに直面！

③ **バッグ**を盗まれました。
Mi hanno rubato la borsa.
ミ　アンノ　ルバート　ラ　ボールサ

言い換え		
	クレジットカード	**la carta di credito** ラ　カルタ　ディ　クレーディト
	携帯電話	**il cellulare** イル　チェッルラーレ
	iPad	**l'iPad** ライパッド
	タブレット	**il tablet** イル　タブレット
	財布	**il portafoglio** イル　ポルタフォッリョ
	お金	**i soldi** イ　ソールディ

紛失したとき

④ **パスポート**をなくしました。
Ho perso il passaporto.
オ　ペルソ　イル　パッサポールト

言い換え		
	航空券	**il biglietto aereo** イル　ビッリェット　アエーレオ
	パソコン	**il computer** イル　コンピューテル
	書類鞄	**il portadocumenti** イル　ポルタドクメンティ
	腕時計	**l'orologio** ロロロージョ
	鍵	**le chiavi** レ　キャーヴィ

連絡を頼む

⑤ 日本大使館に連絡をしていただけますか。
Può contattare l'Ambasciata giapponese?
プォ　　　コンタッターレ　　　　ランバッシャータ
ジャッポネーゼ ⤴

言い換え

ホテル	**l'hotel** ロテル
警察	**la polizia** ラ　ポリツィーア
家族	**la mia famiglia** ラ　ミア　ファミリャ
ガイド	**la guida** ラ　グィーダ
病院	**l'ospedale** ロスペダーレ
旅行会社	**l'agenzia di viaggio** ラジェンツィーア　ディ　ヴィアッジョ
保険会社	**l'assicurazione** ラッスィクラッツィオーネ
レンタカー会社	**l'autonoleggio** ラウトノレーッジョ

トラブルに遭ったときの 定番フレーズ

- 日本語が話せる人はいませんか。 C'è qualcuno che parla giapponese?
- 助けいただけませんか。 Può aiutarmi?
- どうしたらいいですか。 Cosa devo fare?
- どこに行けばいいですか。 Dove devo andare?
- 日本大使館に連れて行ってくださいませんか。 Può accompagnarmi all'Ambasciata giapponese?
- 警察に連れて行ってくださいませんか。 Può accompagnarmi alla polizia?
- 病院に連れて行ってくださいませんか。 Può accompagnarmi all'ospedale?
- 電話を貸してもらえますか。 Posso usare il suo telefono?
- 私がしたのではありません。 Non sono stato io. 男
  Non sono stata io. 女
- イタリア語がわかりません。 Non capisco l'italiano.

盗難に遭ったとき・紛失したときの 定番フレーズ

- 警察はどこですか。
  Dov'è la polizia?
  ドヴェー ラ ポリツィーア

- 盗難届を出しに来ました。
  Vorrei denunciare un furto.
  ヴォッレーイ デヌンチャーレ ウン フールト

- 盗難届けの証明書をいただけますか。
  Può darmi la dichiarazione di denuncia del furto?
  プォ ダールミ ラ ディキアラッツィオーネ ディ デヌンチャ デル フールト

- 紛失物の届け出です。
  È una denuncia di smarrimento.
  エ ウナ デヌンチャ ディ ズマッリメント

- 紛失証明書をください。
  Vorrei la dichiarazione di smarrimento.
  ヴォッレーイ ラ ディキャラッツィオーネ ディ ズマッリメント

- もう一度調べてもらえますか。
  Può controllare di nuovo?
  プォ コントロッラーレ ディ ヌオーヴォ

- バッグの中には、クレジットカード、現金、携帯が入っていました。
  Nella borsa c'erano la carta di credito, i soldi in contanti e il cellulare.
  ネッラ ボールサ チェーラノ ラ カルタ ディ クレーディト イ ソルディ イン コンタンティ エ イル チェッルラーレ

- 見つかったらここに連絡していただけますか。
  Se lo trovate potete contattarmi qui?
  セ ロ トロヴァーテ ポテーテ コンタッタールミ クィ

- クレジットカードを無効にしたいです。
  Vorrei bloccare la carta di credito.
  ヴォッレーイ ブロッカーレ ラ カルタ ディ クレーディト

- カードを再発行してください。
  Mi rilasci una nuova carta di credito, per favore.
  ミ リラッシ ウナ ヌオーヴァ カルタ ディ クレーディト ペル ファヴォーレ

事故に遭ったとき・けがをしたときの 定番フレーズ　CD2-22

- 転びました。
  Sono caduto. 男
  Sono caduta. 女

- けがをしました。
  Mi sono fatto male. 男
  Mi sono fatta male. 女

- 車の事故に遭いました。
  Ho avuto un incidente stradale.

- 車にぶつけられました。
  Sono stato investito da una macchina. 男
  Sono stata investita da una macchina. 女

- 私を病院に連れて行ってください。
  Mi porti all'ospedale, per favore.

- ここをぶつけました。
  Ho sbattuto qui.

- ここが痛いです。
  Mi fa male qui.

- 保険に入っています。
  Ho l'assicurazione.

- 怪我人を動かさないでください。
  Non muovete il ferito, per favore.

- 救急車はまだですか。
  L'ambulanza non arriva ancora?

》病院で

発症時期を伝える

CD2-23

① 昨日からです。
Da ieri.
ダ イェーリ

言い換え		
	今朝	**stamattina** スタマッティーナ
	数日前	**qualche giorno** クァルケ ジョールノ
	先週	**settimana scorsa** セッティマーナ スコルサ
	先程	**poco fa** ポコ ファ

症状を伝える

② お腹が痛いです。
Mi fa male la pancia.
ミ ファ マーレ ラ パーンチャ

言い換え		
	目	**l'occhio** ロッキョ
	頭	**la testa** ラ テスタ
	肩	**la spalla** ラ スパッラ
	胃	**lo stomaco** ロ ストーマコ
	歯	**il dente** イル デーンテ

病院で使う 定番フレーズ

日本語が話せる医者はいますか。	C'è un medico che parla giapponese?
気分が悪いです。	Mi sento male.
お腹が痛いです。	Mi fa male la pancia.
熱があります。	Ho la febbre.
吐き気がします。	Ho la nausea.
めまいがします。	Mi gira la testa.
熱があるようです。	Penso di avere la febbre.
薬アレルギーがあります。	Sono allergico a alcune medicine. 男 Sono allergica a alcune medicine. 女
血液型はA型です。	Il mio gruppo sanguigno è A.
強い薬は服用したくありません。	Non voglio prendere medicine forti.
診断書をいただけますか。	Può darmi un certificato medico?
妊娠中です。	Sono incinta.

薬を買う

③ この薬をください。
Vorrei queste medicine.
ヴォッレーイ　クェステ　メディチーネ

言い換え	痛み止め	**un antidolorifico** ウナンティドロリーフィコ
	頭痛薬	**una medicina per il mal di testa** ウナ　メディチーナ　ペル　イル　マール　ディ　テースタ
	風邪薬	**una medicina per il raffreddore** ウナ　メディチーナ　ペル　イル　ラッフレッドーレ
	解熱剤	**una medicina per la febbre** ウナ　メディチーナ　ペル　ラ　フェッブレ
	消毒液	**un disinfettante** ウン　ディスィンフェッターンテ
	乗り物の酔い止め	**una medicina per il mal d'auto** ウナ　メディチーナ　ペル　イル　マル　ダウト
	虫よけ	**un repellente per insetti** ウン　レペッレンテ　ペル　インセッティ
	目薬	**un collirio** ウン　コッリーリョ

Jリサーチ出版

各国語
你好　안녕하세요　Bonjour　¡ Hola　Ciao
出版案内

ホームページ http://www.jresearch.co.jp
ツイッター　公式アカウント @Jresearch_
　　　　　　https://twitter.com/Jresearch_

〒166-0002　東京都杉並区高円寺北 2-29-14-705
TEL.03-6808-8801 ／ FAX.03-5364-5310 （代）
TEL.03-6808-8806 ／ FAX.03-3223-3455 （編集）

(2016年4月1日現在)

中国語 漢語

ゼロからスタートシリーズ

だれでも覚えられるゼッタイ基礎ボキャブラリー
ゼロからスタート中国語単語BASIC1400 CD2枚付 【単語】

王 丹 著　A5変型／1600円（税抜）

中国語の基礎になる1400語を生活でよく使う例文とともに覚えられる1冊。基本的な動詞・助動詞・副詞・形容詞をはじめ、家・旅行・ファッション・食事・ビジネスなどの生活語がバランスよく身につく。四声、ピンイン、語順、基礎文法も紹介。
ＣＤ：発音　項目名（日本語）→発音（中国語）
各章　項目名（日本語）→単語（中国語）→意味（日本語）→例文（中国語）

だれにでもわかる文法と発音の基本ルール
新 ゼロからスタート中国語文法編 CD付 【文法】

王 丹 著　A5判／1200円（税抜）

中国語の基本を身につけるビギナーにぴったりの1冊。初学者必須の「発音」と「文法」の両方がマスターできる。書き込むスタイルのエクササイズが用意されていて、文法知識を定着させながら、「簡体字」も覚えることができる。ＣＤで発音とリスニングの練習ができるほか、単語力強化にも役立つ。中国語検定4級に対応。
ＣＤ：発音編　中国語の母音・子音、発音練習（中国語）
文法編　例文（中国語）、単語（中国語・日本語）

だれでも話せる基本フレーズ20とミニ会話24
ゼロからスタート中国語会話編 CD付 【会話】

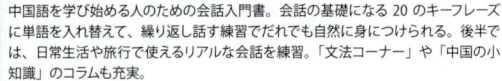

郭 海燕・王 丹 共著　A5判／1400円（税抜）

中国語を学び始める人のための会話入門書。会話の基礎になる20のキーフレーズに単語を入れ替えて、繰り返し話す練習でだれでも自然に身につけられる。後半では、日常生活や旅行で使えるリアルな会話を練習。「文法コーナー」や「中国の小知識」のコラムも充実。
ＣＤ：発音　項目名（日本語）→発音（中国語）
会話　項目名（日本語）→フレーズ・例文（中国語）

初級から中級にステップアップする34の文法のルール 【文法】
ゼロからスタート中国語文法応用編 CD付

郭 海燕・王 丹 共著　A5判／1400円（税抜）

『ゼロからスタート中国語　文法編』の続編。初級から中級へステップアップをはかるための1冊。34の文法公式で基礎を固める。文法用語にふりがな、中国語例文にカタカナ付。書いて覚える練習問題で、漢字も自然に身につけられる。
ＣＤ：発音　項目名（日本語）→発音（中国語）
文法　単語・フレーズ・例文（中国語）→解説文・訳の読み上げ（日本語）

韓国語 한국어

会話力を身につける!

すぐに使える韓国語会話ミニフレーズ2200 CD2枚付 【会話】
鶴見 ユミ 著　四六変型／1600円（税抜）
挨拶から日常生活・旅行・冠婚葬祭まで、よく使われるフレーズ2200をシーン別に収録。丁寧語・タメ語マークやフリガナつきで初心者も安心。
CD：見出し（日本語）→例文（韓国語のみ）

短いフレーズで日常・韓国旅行までらくらく使える
魔法の韓国語会話 超カンタンフレーズ500 CD付 【会話】
鶴見 ユミ 著　四六変型／1000円（税抜）
魔法の会話表現を50パターン覚えるだけで、その9倍のフレーズをカンタンにマスターできる1冊!フレーズは短くて覚えやすく、すぐに使える表現を厳選。
CD：500フレーズ　日本語　→　韓国語　→　リピートポーズ

中級レベル

46テーマの長文で単語力と読む力を身につける
韓国語単語スピードマスター 中級2000 CD付 【単語】
鶴見 ユミ 著　A5変型／1800円（税抜）
生活・ビジネス・ニュース・文化など全46テーマの対話文とパッセージを読みながら覚えられる単語集。文章を読む力を鍛えたい人やリスニング学習にも効果的。検定にも対応。
CD：全ユニットの対話文とパッセージをネイティブスピードよりややゆっくりめで収録。

日本の漢字を使って韓単語を超速で増強する!
韓国語単語スピードマスター漢字語3300 CD2枚付 【単語】
鶴見 ユミ 著　A5変型／1600円（税抜）
ハングル表記されている漢字語「道」をマスターすれば「歩道」「道場」など組み合わせでどんどん応用がきく。日本人だからできる暗記に頼らない語彙増強法。
CD：見出し語約2500語　韓国語→日本語

その他

独学でカンタンマスター
夢をかなえる韓国語勉強法
鶴見 ユミ 著　四六変型　1400円（税抜）
鶴見先生の経験や知識を惜しみなく注ぎこんだ韓国語学習の指南書。

韓国恋愛事情まるわかり
男と女のLOVE×LOVE韓国語会話 CD付
イ・ジョンウン 著　四六変型　1400円（税抜）
韓国ドラマやK-POP好き、韓国人の恋人を作りたい人へオススメ。

3週間で誰でも韓国語の基礎がマスターできる
韓国語学習スタートブック 超入門編 CD付
安 垠姫 著　B5判 1000円（税抜）

3週間で初級レベルの文法・フレーズ・会話が身につく!
韓国語学習スタートブック 初級編 CD付
安 垠姫 著　B5判 1000円（税抜）

フランス語 français

ゼロからスタートシリーズ

だれでも覚えられるゼッタイ基礎ボキャブラリー
ゼロからスタート フランス語 単語BASIC1400 **CD2枚付** 【単語】
アテネ・フランセ責任編集　松本悦治監修　島崎貴則 著
A5変型／1600円（税抜）
1冊で全ての基礎語をカバー。日本におけるフランス語教育の最高峰、アテネ・フランセの実践的で効率的なボキャブラリー増強法。
重要語には用法・語法など詳しい解説付き。例文は日常生活でそのまま使える。CDで耳からの学習にも対応。
CD：項目名（日本語）→単語原型（フランス語）→意味（日本語）
　　→例文（フランス語）

だれにでもわかる文法と発音の基本ルール
ゼロからスタート フランス語 文法編 **CD付** 【文法】
アテネ・フランセ責任編集　松本悦治監修　島崎貴則 著
A5判／1400円（税抜）
フランス語入門者向けの最初の1冊。発音のしくみをていねいに解説。40の文法公式で基礎がすっきりマスターできる。同時に、生活でよく使う単語、会話フレーズも自然に覚えられる。例文にカタカナ、文法用法にふりがな付。CDを聞くだけで総復習ができる。
CD：発音　　項目名（日本語）→発音（フランス語）
　　文法　　項目名（日本語）→単語・例文（フランス語）

ボンジュールから始めて日常会話・旅行会話が話せる
ゼロからスタート フランス語 会話編 **CD付** 【会話】
アテネ・フランセ責任編集　松本悦治監修　鈴木文恵 著
A5判／1400円（税抜）
フランス語を学び始める人のための会話入門書。お礼、質問、頼みごとなど25のテーマで話し方の基本がきちんと身につく。旅行、日常でよく使う13テーマの単語コーナーと22のミニ会話も収録。CDを使って発音からしっかり学べる。
CD：見出し語（日本語）→ フレーズ（日本語（※第一、二、五章のみ）→フランス語）

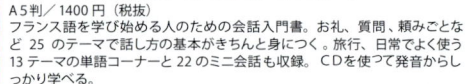

会話力を身につける！

ボンジュールから芸術表現まで
すぐに使えるフランス語会話ミニフレーズ2300 **CD2枚付** 【会話】
アテネ・フランセ責任編集　松本悦治監修　鈴木文恵・アルメル・ヒルシャワー 共著
四六変型／1600円（税抜）
あいさつから、日常会話、旅行、電話や仕事でよく使う表現までを基本的な2300のフレーズを収録。表現は簡単なものから本格的なものまでバランスよく組み込み、初級者から中級者までレベルに応じて使用できる。特に観光や芸術・文化に触れる際のフレーズが充実。
CD：項目名（日本語）→例文（フランス語）

アテネ・フランセ創立100周年記念
フランス語学習スタートブック やさしい入門編 **CD付** 【勉強法】
B5判／1400円（税抜）
フランス語の効果的な学び方を大学教授やパリ在住ピアニストにインタビュー。アテネ・フランセ人気講師陣の発音や文法の基礎が学べる紙面講義。パリの写真で街歩きフレーズ、仏検5級にチャレンジなど豊富な内容で入門・初学者の学習プランをサポート。
CD：発音教室　母音・単語（フランス語）、街歩きフレーズ＆単語（フランス語）

薬の飲み方の説明

④ 1日3回飲んでください。
Lo prenda tre volte al giorno.

食前に	**prima dei pasti**
食後に	**dopo i pasti**
空腹時に	**a stomaco vuoto**
寝る前に	**prima di dormire**
コップ1杯の水と一緒に	**con un bicchiere d'acqua**

薬の 定番フレーズ

- 何日続けて飲めばいいですか。 Per quanti giorni lo devo prendere?
- この薬は眠くなりますか。 Questa medicina provoca sonnolenza?
- これは強い薬ですか。 È una medicina forte?
- 副作用はありますか。 Ha effetti collaterali?

● 身体部位の単語

- 目 **occhio** オッキョ
- 鼻 **naso** ナーゾ
- 耳 **orecchio** オレッキョ
- 口 **bocca** ボッカ
- 喉 **gola** ゴーラ
- 歯 **dente** デーンテ
- 舌 **lingua** リーングァ
- 指 **dito** ディート
- 手 **mano** マーノ
- 腕 **braccio** ブラッチョ
- 頭 **testa** テースタ
- 腹 **pancia** パンチャ
- 首 **collo** コッロ
- 肩 **spalla** スパッラ
- 脚 **gamba** ガンバ
- 背中 **schiena** スキェーナ
- 足 **piede** ピェーデ

単語編

すぐに使える
旅単語集
500

シーンごとに、役立つ単語をまとめました。旅先の様々なシーンで使える単語をチェックできます。

✈ 》機内・空港

座席	**posto** ポスト
窓側の席	**posto vicino al finestrino** ポスト ヴィチーノ アル フィネストリーノ
通路側の席	**posto vicino al corridoio** ポスト ヴィチーノ アル コッリドーイヨ
化粧室	**bagno** バンニョ
非常口	**uscita d'emergenza** ウッシータ デメルジェーンツァ
毛布	**coperta** コペールタ
日本の新聞	**giornale giapponese** ジョルナーレ ジャッポネーゼ
日本の雑誌	**rivista giapponese** リヴィースタ ジャッポネーゼ
離陸	**decollo** デコッロ
着陸	**atterraggio** アッテッラーッジョ
出発	**partenza** パルテーンツァ
到着	**arrivo** アッリーヴォ
出発時刻	**orario di partenza** オラーリオ ディ パルテーンツァ
到着時刻	**orario d'arrivo** オラーリオ ダッリーヴォ
現地時間	**ora locale** オーラ ロカーレ
飛行時間	**durata del volo** ドゥラータ デル ヴォーロ
時差	**fuso orario** フーゾ オラーリオ
目的地	**destinazione** デスティナッツィオーネ
気温	**temperatura** テンペラトゥーラ
定刻	**ora prevista** オーラ プレヴィースタ

すぐに使える 旅単語集500

遅延	**ritardo** リタールド
空港	**aeroporto** アエロポールト
チェックインカウンター	**banco del check in** バンコ デル チェッキン
航空券	**biglietto aereo** ビッリェット アエーレオ
搭乗口	**porta d'imbarco** ポルタ ディンバールコ
搭乗券	**carta d'imbarco** カルタ ディンバールコ
便名	**numero del volo** ヌーメロ デル ヴォーロ
便の変更	**cambio del volo** カーンビョ デル ヴォーロ
乗り継ぎ	**coincidenza** コインチデーンツァ
入国審査	**controllo passaporti** コントロッロ パッサポールティ
出国審査	**controllo passaporti** コントロッロ パッサポールティ
税関	**dogana** ドガーナ
税関申告書	**dichiarazione doganale** ディキャラッツィオーネ ドガナーレ
持ち込み禁止品	**oggetti vietati in cabina** オッジェッティ ヴィエターティ イン カビーナ
パスポート	**passaporto** パッサポールト
姓名	**nome e cognome** ノーメ エ コンニョーメ
国籍	**nazionalità** ナツィオナリター
居住国	**paese di residenza** パエーゼ ディ レズィデンツァ
ターンテーブル	**nastro trasportatore** ナーストロ トラスポルタトーレ
荷物受取所	**ritiro bagagli** リティーロ バガッリ

🏢 » 宿泊

ホテル	**albergo/hotel** アルベールゴ/オテル
フロント	**reception** レセプション
ロビー	**hall** オール
エレベーター	**ascensore** アッシェンソーレ
エスカレーター	**scala mobile** スカーラ モービレ
階段	**scale** スカーレ
中庭	**cortile** コルティーレ
予約	**prenotazione** プレノタッツィオーネ
キャンセル	**cancellazione** カンチェッラッツィオーネ
チェックイン	**check-in** チェッキン
チェックアウト	**check-out** チェッカウト
料金	**prezzo** プレッツォ
ホテルの部屋	**camera d'albergo** カーメラ ダルベールゴ
シングルルーム	**camera singola** カーメラ スィンゴラ
ツインルーム	**camera doppia** カーメラ ドッピャ
トリプルルーム	**camera tripla** カーメラ トリープラ
ダブルルーム	**camera matrimoniale** カーメラ マトリモニアーレ
バスタブ	**vasca da bagno** ヴァースカ ダ バンニョ
バスルーム	**bagno** バンニョ
シャワー	**doccia** ドッチャ

すぐに使える 旅単語集500

テレビ	tv ティヴー
エアコン	aria condizionata アーリヤ コンディツィオナータ
ミニバー	frigobar フリーゴバール
ベッド	letto レット
枕	cuscino クッシーノ
毛布	coperta コペールタ
シーツ	lenzuolo レンツオーロ
鍵	chiave キャーヴェ
1階	piano terra ピャーノ テッラ
2階	primo piano プリーモ ピャーノ
3階	secondo piano セコンド ピャーノ
最上階	ultimo piano ウルティモ ピャーノ
朝食	colazione コラツィオーネ
昼食	pranzo プランゾ
夕食	cena チェーナ
コーヒーラウンジ	caffetteria カッフェッテリア
バー	bar バール
サウナ	sauna サウナ
トレーニングジム	palestra パレーストラ
プール	piscina ピッシーナ

🍴 >> 飲食

● 飲み物

水	acqua (アックァ)
炭酸の入った水	acqua gassata (アックァ ガッサータ)
炭酸なしの水	acqua naturale (アックァ ナトゥラーレ)
お湯	acqua calda (アックァ カルダ)
氷	ghiaccio (ギャーッチョ)
氷なし	senza ghiaccio (センツァ ギャーッチョ)
コーヒー	caffè (カッフェー)
カフェオレ	caffellatte (カッフェーラッテ)
カプチーノ	cappuccino (カップッチーノ)
アイスコーヒー	caffè freddo (カッフェー フレッド)
紅茶	tè (テー)
レモンティー	tè al limone (テー アル リモーネ)
ピーチティー	tè alla pesca (テー アッラ ペースカ)
ミルクティー	tè con latte (テー コン ラッテ)
アイスティー	tè freddo (テー フレッド)
ハーブティー	tisana (ティザーナ)
緑茶	tè verde (テー ヴェールデ)
オレンジジュース	succo d'arancia (スッコ ダラーンチャ)
牛乳	latte (ラッテ)
ココア	cioccolata (チョッコラータ)

すぐに使える 旅単語集500

● アルコール

ビール	birra ビッラ
生ビール	birra alla spina ビッラ アッラ スピーナ
ワイン	vino ヴィーノ
赤ワイン	vino rosso ヴィーノ ロッソ
白ワイン	vino bianco ヴィーノ ビャーンコ
ロゼワイン	vino rosè ヴィーノ ロゼー
スパークリングワイン	vino frizzante ヴィーノ フリッズァーンテ
シェリー酒	sherry シェッリー
プロセッコ	prosecco プロセッコ
食前酒	aperitivo アペリティーヴォ
食後酒	digestivo ディジェスティーヴォ
カクテル	cocktail コックテル
ブランデー	brandy ブランディ
ウイスキー	whisky ウィスキー
コニャック	cognac コニャック
ボトル	bottiglia ボッティッリャ
グラス	bicchiere ビッキェーレ
辛口	secco セッコ
甘口	dolce ドルチェ
香り	aroma アローマ

● 店内の用語

朝食	colazione (コラッツィオーネ)
昼食	pranzo (プランゾ)
夕食	cena (チェーナ)
軽食	pasto leggero (パスト レッジェーロ)
メニュー	menù (メヌー)
定食	menù fisso (メヌー フィッソ)
フルコース	menù completo (メヌー コンプレート)
一人前	una porzione (ウナ ポルツィオーネ)
前菜	antipasto (アンティパスト)
第一の皿 (パスタやスープ、リゾットなど)	primo (プリーモ)
第二の皿 (メイン料理)	secondo (セコーンド)
デザート	dolce (ドルチェ)
本日の料理	specialità del giorno (スペチャリター デル ジョールノ)
自家製の	fatto in casa (ファット イン カーザ)
~切れ	una fetta (ウナ フェッタ)
ウエイター	cameriere (カメリエーレ)
ウエイトレス	cameriera (カメリエーラ)
会計	conto (コーント)
カロリー	calorie (カロリーエ)
灰皿	portacenere (ポルタチェーネレ)

すぐに使える 旅単語集500

● 果物

もも	pesca ペスカ
アプリコット	albicocca アルビコッカ
いちご	fragola フラーゴラ
オリーブ	oliva オリーヴァ
オレンジ	arancia アラーンチャ
キウイフルーツ	kiwi キーウィ
グレープフルーツ	pompelmo ポンペールモ
さくらんぼ	ciliegia チリエージャ
パイナップル	ananas アーナナス
バナナ	banana バナーナ
メロン	melone メローネ
なし（洋なし）	pera ペーラ
マンダリンオレンジ	mandarino マンダリーノ
ぶどう	uva ウーヴァ
レーズン	uva passa ウーヴァ パッサ
ブルーベリー	mirtillo ミルティッロ
プラム（すもも）	prugna プルンニャ
ラズベリー	lampone ランポーネ
りんご	mela メーラ
レモン	limone リモーネ

● お菓子・デザート

アイスクリーム	gelato (ジェラート)
タルト	crostata (クロスタータ)
クッキー	biscotto (ビスコット)
ケーキ	torta (トールタ)
チョコレート	cioccolato (チョコラート)
シュークリーム	bignè (ビニェ)
クロワッサン	cornetto (コルネット)
パンナコッタ	panna cotta (パンナ コッタ)
プリン（プディング）	budino (ブディーノ)
ヨーグルト	yogurt (ヨーグルト)

● 調味料

塩	sale (サーレ)
胡椒	pepe (ペペ)
砂糖	zucchero (ズッケロ)
唐辛子	peperoncino (ペペロンチーノ)
酢	aceto (アチェート)
バルサミコ酢	aceto balsamico (アチェート バルサーミコ)
マスタード	senape (セーナペ)
バター	burro (ブッロ)
オリーブオイル	olio d'oliva (オーリョ ドリーヴァ)
マヨネーズ	maionese (マィヨネーゼ)

すぐに使える 旅単語集500

● 味付け

甘い	dolce ドルチェ
スパイシー	speziato スペッツィアート
塩辛い	salato サラート
辛い	piccante ピッカーンテ
酸っぱい	aspro アースプロ
甘酸っぱい	agrodolce アーグロドールチェ
苦い	amaro アマーロ
脂っこい	grasso グラッソ
あっさりした	leggero レッジェーロ
胡椒をきかせた	pepato ペパート

● 調理法

揚げた	fritto フリット
炒めた	soffritto ソッフリット
オーブンで焼いた	al forno アル フォールノ
グリルした	grigliato グリッリャート
ローストした	arrostito アッロスティート
蒸した	al vapore アル ヴァポーレ
マリネした	marinato マリナート
塩漬けにした	sotto sale ソット サーレ
薫製にした	affumicato アッフミカート
詰め物をした	ripieno リピエーノ

● 前菜・料理

生ハムとメロン	prosciutto e melone プロッシュット エ メローネ
ブルスケッタ（トーストしたパンに、オリーブオイルをかけ、トマトなどをのせたもの）	bruschetta ブルスケッタ
サラダ	insalata インサラータ
海鮮サラダ（マリネ）	insalata di mare インサラータ ディ マーレ
コロッケ	crocchette クロッケッテ
カプレーゼ（トマトとモッツァレラチーズのサラダ）	caprese カプレーゼ
サラミや生ハムの盛り合わせ	affettati misti アッフェッターティ ミースティ
チーズの盛り合わせ	formaggi misti フォルマッジ ミースティ
前菜の盛り合わせ	antipasto misto アンティパースト ミスト
フリット（フライ）の盛り合わせ	fritto misto フリット ミスト
フライドポテト	patate fritte パターテ フリッテ
ハンバーガー	hamburger アンブールゲル
トースト	toast トスト
サンドイッチ	tramezzino トラメッズィーノ
パニーノ（パンに具材を挟んだもの）	panino パニーノ
ピアディーナ（薄い生地で中に具を挟んだパン）	piadina ピヤディーナ
グリッシーニ（棒状の固いパン）	grissini グリッスィーニ
フォカッチャ	focaccia フォカッチャ
ミニピザ	pizzetta ピッツェッタ
スクランブルエッグ	uovo strapazzato ウォーヴォ ストラパッツァート

すぐに使える 旅単語集500

● 軽食

白米	riso bianco (リーゾ ビャーンコ)
玄米	riso integrale (リーゾ インテグラーレ)
パスタ	pasta (パスタ)
タリアテッレ (平麺パスタ)	tagliatelle (タッリャテッレ)
ラザニア	lasagne (ラザーニェ)
トルテッリーニ (詰め物をしたパスタ)	tortellini (トルテッリーニ)
パスタのグラタン	pasta al forno (パスタ アル フォールノ)
リゾット	risotto (リゾット)
スープ	zuppa (ズッパ)
ミネストローネ (具だくさんの野菜スープ)	minestrone (ミネストローネ)
ピザ	pizza (ピッツァ)
カルツォーネ (中に具を挟み込んだピザ)	calzone (カルツォーネ)
ポレンタ (トウモロコシの粉を煮たもの)	polenta (ポレンタ)
マッシュポテト	purea di patate (プレーア ディ パターテ)
(ナスの) パルマ風	parmigiana (パルミッジャーナ)
野菜のスフォルマート (ペースト状にしたものをオーブンで焼いたもの)	sformato di verdure (スフォルマート ディ ヴェルドゥーレ)
塩味のタルト	torta salata (トルタ サラータ)
卵焼き	frittata (フリッタータ)
肉団子	polpette (ポルペッテ)
インヴォルティーニ (肉などを巻いた料理)	involtini (インヴォルティーニ)

● 野菜

アーティチョーク	carciofo	カルチョーフォ
アスパラガス	asparago	アスパーラゴ
エシャロット	scalogno	スカロンニョ
かぼちゃ	zucca	ズッカ
カリフラワー	cavolfiore	カーヴォルフィオーレ
キャベツ	cavolo	カーヴォロ
ズッキーニ	zucchino / zucchina	ズッキーノ / ズッキーナ
セロリ	sedano	セーダノ
たまねぎ	cipolla	チポッラ
とうもろこし	mais	マーイス
トマト	pomodoro	ポモドーロ
なす	melanzana	メランザァーナ
にんじん	carota	カロータ
にんにく	aglio	アッリョ
ハーブ	erba aromatica	エルバ アロマーティカ
バジル	basilico	バズィーリコ
パセリ	prezzemolo	プレッツェーモロ
ブロッコリー	broccoli	ブロッコリ
ほうれん草	spinaci	スピナーチ
レタス	lattuga	ラットゥーガ

すぐに使える 旅単語集500

● 肉

牛肉	(carne di) manzo カールネ ディ マーンゾ
仔牛肉	(carne di) vitello カールネ ディ ヴィテッロ
豚肉	(carne di) maiale カールネ ディ マイヤーレ
仔羊(ラム肉)	(carne di) agnello カールネ ディ アンニェッロ
鶏肉	(carne di) pollo カールネ ディ ポッロ
ウサギ肉	(carne di) coniglio カールネ ディ コニッリョ
鴨肉	(carne di) anatra カールネ ディ アーナトラ
馬肉	(carne di) cavallo カールネ ディ カヴァッロ
ハム	prosciutto cotto プロッシュット コット
生ハム	prosciutto crudo プロッシュット クルード
サラミ	salame サラーメ
ソーセージ	salsiccia サルスィッチャ
スペック(トレンティーノ・アルト・アディジェ地方の生ハムの一種)	speck スペック
ベーコン	pancetta パンチェッタ
あばら肉(リブ)	costoletta コストレッタ
骨付き肉	braciola ブラチョーラ
ステーキ	bistecca ビステッカ
レバー	fegato フェーガト
ハチノス(牛の第二胃)	trippa トリッパ
カツレツ	cotoletta コトレッタ

● 魚介類

魚	pesce (ペッシェ)
生魚	pesce crudo (ペッシェ クルード)
焼き魚	pesce alla griglia (ペッシェ アッラ グリッリャ)
魚のフライ	pesce fritto (ペッシェ フリット)
牡蠣	ostrica (オーストリカ)
うなぎ	anguilla (アングイッラ)
ムール貝	cozze (コッツェ)
小エビ	gamberetti (ガンベレッティ)
マグロ	tonno (トンノ)
サケ	salmone (サルモーネ)
アサリ	vongole (ヴォーンゴレ)
イカ	seppia (セッピャ)
イワシ	sardina (サルディーナ)
手長エビ	scampi (スカーンピ)
カニ	granchio (グラーンキョ)
サバ	sgombro (ズゴンブロ)
舌平目	sogliola (ソッリョラ)
タイ	orata (オラータ)
タコ	polpo (ポルポ)
にじます	trota (トロータ)

買い物

すぐに使える 旅単語集500

● 店舗

市場	**mercato** メルカート
デパート	**grande magazzino** グランデ マガッズィーノ
スーパーマーケット	**supermercato** スーペルメルカート
食料品店	**negozio di alimentari** ネゴッツィオ ディ アリメンターリ
惣菜屋	**rosticceria** ロスティッチェリア
パン屋	**panificio** パニフィーチョ
ケーキ屋	**pasticceria** パスティッチェリア
チョコレート専門店	**cioccolateria** チョッコラテリア
チーズ専門店	**formaggeria** フォルマッジェリア
靴屋	**negozio di scarpe** ネゴッツィオ ディ スカールペ
楽器店	**negozio di strumenti musicali** ネゴッツィオ ディ ストゥルメンティ ムズィカーリ
化粧品店	**profumeria** プロフメリーア
宝飾店	**gioielleria** ジョイエッレリーア
花屋	**fioraio** フィヨライヨ
本屋	**libreria** リブレリア
文具店	**cartoleria** カルトレリア
玩具屋	**negozio di giocattoli** ネゴッツィオ ディ ジョカットリ
土産物屋	**negozio di souvenir** ネゴッツィオ ディ スヴェニール
キオスク	**edicola** エディーコラ
蚤の市	**mercato delle pulci** メルカート デッレ プールチ

● 衣類〈種類〉

Tシャツ	**maglietta** マリェッタ
ブルゾン	**giubbotto** ジュッボット
シャツ	**camicia** カミーチャ
ズボン	**pantaloni** パンタローニ
ジャケット	**giacca** ジャッカ
スカート	**gonna** ゴーンナ
レインコート	**impermeabile** インペルメアービレ
パジャマ	**pigiama** ピジャーマ
セーター	**maglione** マリョーネ
水着	**costume da bagno** コストゥーメ ダ バンニョ

● 衣類〈色〉

金色	**color oro** コロール オーロ
銀色	**color argento** コロール アルジェーント
茶色	**marrone** マッローネ
白	**bianco** ビャーンコ
青	**azzurro** アッズーッロ
赤	**rosso** ロッソ
紺	**blu** ブル
緑	**verde** ヴェールデ
水色	**celeste** チェレーステ
黒	**nero** ネーロ

すぐに使える 旅単語集500

● 衣類〈デザイン〉

しま模様	a righe ア リーゲ
水玉模様	a pois ア プアー
花柄	a fiori ア フィヨーリ
チェック	a quadri ア クァードリ
無地	a tinta unita ア ティンタ ウニータ
カラフルな	colorato コロラート
ハイネック	a collo alto ア コッロ アールト
長袖	a maniche lunghe ア マーニケ ルーンゲ
半袖	a maniche corte ア マーニケ コールテ
ノースリーブ	senza maniche センツァ マーニケ

● 衣類〈サイズ・素材〉

Sサイズ	taglia S タッリャ エッセ
Mサイズ	taglia M タッリャ エッメ
Lサイズ	taglia L タッリャ エッレ
より大きいサイズ	una taglia più grande ウナ タッリャ ピュ グランデ
より小さいサイズ	una taglia più piccola ウナ タッリャ ピュ ピッコラ
より細い	più stretto ピュ ストレット
よりゆったりした	più largo ピュ ラルゴ
綿	di cotone ディ コトーネ
革	di pelle ディ ペッレ
ウール	di lana ディ ラーナ

● 雑貨

バッグ	**borsa** ボルサ
ポシェット	**borsetta** ボルセッタ
スーツケース	**valigia** ヴァリージャ
財布	**portafoglio** ポルタフォッリョ
小銭入れ	**portamonete** ポルタモネーテ
腕時計	**orologio da polso** オロロージョ ダ ポルソ
メガネ	**occhiali** オッキャーリ
靴下	**calzini** カルツィーニ
ストッキング	**calze** カルツェ
下着	**biancheria intima** ビャンケリーア インティマ
スリッパ	**pantofole** パントーフォレ
切手	**francobollo** フランコボッロ
コースター	**sottobicchiere** ソットビッキェーレ
ランチョンマット	**tovaglietta all'americana** トヴァリェッタ アッラメリカーナ
紅茶茶碗	**tazza** タッツァ
コーヒーカップ	**tazzina** タッツィーナ
ワイングラス	**calice** カーリチェ
ティーポット	**teiera** テイェーラ
皿	**piatto** ピャット
花瓶	**vaso** ヴァーゾ

📷 >> 観光

すぐに使える　旅単語集500

● 観光名所

教会	chiesa キェーザ
美術館・博物館	museo ムゼーオ
広場	piazza ピャッツァ
公園	parco パールコ
遊園地	parco dei divertimenti パールコ ディ ディヴェルティメンティ
動物園	zoo ゾー
植物園	giardino botanico ジャルディーノ ボターニコ
洞窟	grotta グロッタ
海岸	costa コースタ

● 観光スポットで見かける単語

入口	entrata エントラータ
出口	uscita ウッシータ
インフォメーション	informazioni インフォルマッツィオーニ
手荷物預かり所	deposito bagagli デポーズィト バガッリ
開館	aperto アペールト
閉館	chiuso キューゾ
撮影禁止	vietato fare foto ヴィエタート ファーレ フォート
フラッシュ禁止	vietato usare il flash ヴィエタート ウザーレ イル フレッシュ
故障中	guasto グァスト
危険	pericolo ペリーコロ

● 都市名　　　　　　　　　　　　　　　　　　　　　CD2-51

ローマ	**Roma** ローマ
ミラノ	**Milano** ミラーノ
フィレンツェ	**Firenze** フィレーンツェ
ヴェネツィア	**Venezia** ヴェネーツィア
ナポリ	**Napoli** ナポリ
ジェノヴァ	**Genova** ジェノヴァ
タオルミーナ	**Taormina** タオルミーナ
ポンペイ	**Pompei** ポンペーイ
シエナ	**Siena** スィエーナ
アルベロベッロ	**Alberobello** アルベロベッロ
ピサ	**Pisa** ピーザ
アッシジ	**Assisi** アッスィーズィ
ヴェローナ	**Verona** ヴェローナ
トリノ	**Torino** トリーノ
ボローニャ	**Bologna** ボロンニャ
ラヴェンナ	**Ravenna** ラヴェンナ
カゼルタ	**Caserta** カゼールタ
クレモナ	**Cremona** クレモーナ
アグリジェント	**Agrigento** アグリジェント
アオスタ	**Aosta** アオースタ

すぐに使える　旅単語集500

● 街角の単語

電車の駅	stazione del treno スタッツィオーネ　デル　トレーノ
地下鉄の駅	stazione della metropolitana スタッツィオーネ　デッラ　メトロポリターナ
バス停	fermata dell'autobus フェルマータ　デッラウトブス
タクシー乗り場	posteggio taxi ポステッジョ　タクスィ
路面電車	tram トラム
車	macchina マッキナ
自転車	bicicletta ビチクレッタ
通り	strada / via ストラーダ　ヴィーア
大通り	corso コールソ
（並木のある）大通り	viale ヴィアーレ
横断歩道	strisce pedonali ストリッシェ　ペドナーリ
信号	semaforo セマーフォロ
歩道	marciapiede マルチャピエーデ
区画（ブロック）	quartiere クァルティエーレ
広場	piazza ピャッツァ
公園	parco パールコ
噴水	fontana フォンターナ
教会	chiesa キエーザ
橋	ponte ポンテ
船	barca バールカ

😊 » トラブル

● 緊急事態

警察署	**stazione di polizia** スタッツィオーネ ディ ポリツィーア
盗難	**ladro** ラードロ
紛失	**smarrimento** ズマッリメント
スリ	**borseggio** ボルセッジョ
詐欺	**truffa** トゥルッファ
交通ストライキ	**sciopero dei trasporti** ショーペロ デイ トラスポールティ
遅れている	**in ritardo** イン リタールド
交通事故	**incidente stradale** インチデーンテ ストラダーレ
転ぶ	**cadere** カデーレ
怪我をする	**ferirsi** フェリールスィ
火事	**incendio** インチェーンディオ
消防隊	**vigili del fuoco** ヴィージリ デル フォーコ
救急車	**ambulanza** アンブラーンツァ
病院	**ospedale** オスペダーレ
盗難保険	**assicurazione contro il furto** アッスィクラッツィオーネ コントロ イル フールト
傷害保険	**assicurazione contro gli incidenti** アッスィクラッツィオーネ コントロ リ インチデーンティ
保険会社	**compagnia assicurativa** コンパンニャ アッスィクラティーヴァ
クレジットカードを無効にする	**annullare la carta di credito** アンヌッラーレ ラ カルタ ディ クレーディト
日本大使館	**ambasciata del Giappone** アンバッシャータ デル ジャッポーネ
旅行会社	**agenzia di viaggio** アジェンツィーア ディ ヴィアッジョ

お腹が痛い	**avere mal di pancia** アヴェーレ マル ディ パーンチャ
背中が痛い	**avere mal di schiena** アヴェーレ マル ディ スキェーナ
歯が痛い	**avere mal di denti** アヴェーレ マル ディ デンティ
熱がある	**avere la febbre** アヴェーレ ラ フェッブレ
咳が出る	**avere la tosse** アヴェーレ ラ トッセ
鼻水が出る	**avere il naso che cola** アヴェーレ イル ナーゾ ケ コーラ
下痢している	**avere la diarrea** アヴェーレ ラ ディアッレーア
風邪	**raffreddore** ラッフレッドーレ
インフルエンザ	**influenza** インフルエンツァ
食中毒	**intossicazione alimentare** イントッスィカッツィオーネ アリメンターレ
炎症	**infiammazione** インフィアンマッツィオーネ
発作	**attacco** アッタッコ
喘息	**asma** アーズマ
捻挫	**distorsione** ディストルスィオーネ
骨折	**frattura** フラットゥーラ
胃腸炎	**gastrite** ガストリーテ
糖尿病	**diabete** ディアベーテ
外傷	**ferita** フェリータ
目薬	**collirio** コッリーリオ
抗生物質	**antibiotico** アンティビオーティコ
処方箋	**ricetta** リチェッタ

すぐに使える 旅単語集500

● 病気や怪我をしたとき

医者	medico メーディコ
歯医者	dentista デンティースタ
看護師	infermiere 男 インフェルミエーレ / infermiera 女 インフェルミエーラ
入院	ricovero in ospedale リコーヴェロ イン オスペダーレ
内科	medicina interna メディチーナ インテールナ
外科	chirurgia キルルジーア
歯科	odontoiatria オドントイヤトリーア
眼科	oftalmologia オフタルモロジーア
小児科	pediatria ペディアトリーア
婦人科	ginecologia ジネコロジーア
血液型	gruppo sanguigno グルッポ サングインニョ
高血圧	pressione alta プレッスィオーネ アルタ
低血圧	pressione bassa プレッスィオーネ バッサ
めまいがする	avere un capogiro アヴェーレ ウン カポジーロ
吐き気がする	avere la nausea アヴェーレ ラ ナウゼア
寒気がする	avere i brividi アヴェーレ イ ブリーヴィディ
食欲がない	non avere appetito ノン アヴェーレ アッペティート
頭が痛い	avere mal di testa アヴェーレ マル ディ テースタ
喉が痛い	avere mal di gola アヴェーレ マル ディ ゴーラ

カンタン便利なイタリア語フレーズ

CD2-55

あなたの名前は何ですか？
Come si chiama?
コメ スィ キャーマ

私の名前はけいこです。**Mi chiamo Keiko.**
ミ キャーモ ケイコ

そして、あなたは？ **E Lei?**
エ レーイ

おはようございます。／こんにちは。
Buongiorno.
ブォンジョールノ

こんばんは。 **Buonasera.**
ブォナセーラ

どこから来ましたか？ **Da dove viene?**
ダ ドーヴェ ヴィエーネ

日本から来ました。 **Vengo dal Giappone.**
ヴェンゴ ダル ジャッポーネ

すみません。 **Scusi.**
スクーズィ

どうも **Salve.**
サルヴェ

なんでしょうか？ **Sì?**
スィー

私は日本人です。 **Sono giapponese.**
ソーノ ジャッポネーゼ

私は30才です。 **Ho trenta anni.**
オ トレンタ アンニ

もう一度言ってもらえますか？
Può ripetere, per favore?
プォ リペーテレ ペル ファヴォーレ

ようこそいらっしゃいました。 **Benvenuto.**
ベンヴェヌート

どうぞ。 **Prego.**
プレーゴ

ありがとう！ **Grazie!**
グラッツィエ

どういたしまして。 **Prego.**
プレーゴ

いくらですか？ **Quanto costa?**
クァント コースタ

これください。 **Questo, per favore.**
クェスト ペル ファヴォーレ

はい、お願いします。 **Sì, per favore.**
スィ ペル ファヴォーレ

いいえ、結構です。 **No, grazie.**
ノー グラッツィエ

さくいん

【あ】
- ああ、危なかった … 120
- アーティチョーク … 150
- アイスクリーム … 69/146
- アイスコーヒー … 68/142
- アイスティー … 142
- 空いている部屋 … 62
- iPad … 127
- アイロン … 57/60
- アウェイ … 121
- アウトレット … 82
- 青 … 42/88/154
- アオスタ … 158
- 赤 … 42/88/154
- 赤ワイン … 36/143
- 赤ワインをボトルで … 74
- 秋 … 26
- 開く … 17
- アグリジェント … 158
- アクセサリー … 83
- 揚げた … 147
- 朝 … 26
- 麻 … 87
- アサリ … 152
- 脚・足 … 136
- 味が濃い … 77/78
- 明日 … 32
- 預けておいた荷物 … 62
- アスパラガス … 150
- 頭 … 132/136
- 頭が痛い … 37/161
- 新しいタオル … 9
- 熱い … 77
- あっさり … 147
- 暑すぎ … 64
- アッシジ … 105/108/158
- アッフォガート … 76
- あなたのファンです … 120
- あばら肉 … 151
- 危ない … 120/124
- 脂っこい … 77/147
- アプリコット … 145
- アペリティフ … 109
- アマーロ … 98
- 甘い … 14/77/147
- 甘口 … 143
- 甘酸っぱい … 147
- あまり高くないレストラン … 67
- アマルフィ … 105
- ありがとうございます … 18
- 歩きやすい靴 … 90
- おいしい … 77
- アルベロベッロ … 105/158
- アルマーニ … 98
- アレッツォ … 112
- 案内所 … 45
- 案内図 … 116
- 胃 … 132
- いいえ … 19
- イエローカード … 121
- イカ … 152
- いくら … 19/48
- いけ! … 120
- 医者 … 125/161
- 椅子 … 60
- 痛いです! … 124
- 痛み止め … 134
- 炒めた … 147
- いちご … 145
- 一人前 … 82/106/153
- 市場 … 82/106/153
- 一番安い席 … 119

- 胃腸炎 … 162
- 一緒に写真を撮って … 118
- 一緒に包んで … 97
- 一等席 … 111
- 一泊あたり … 51
- 今 … 32
- イヤホン … 34
- 入口 … 16/157
- イワシ … 152
- インヴォルティーニ … 149
- インターネット … 10/51/54/57/64
- インテリア用品 … 83
- インフォメーション … 157
- インフルエンザ … 162
- ヴァチカン … 107/113
- ヴァチカン美術館 … 104
- ヴァレットに乗る … 107
- ウィスキー … 43/74/143
- ウール … 87/155
- 上 … 28
- ウエイター … 144
- ウエイトレス … 144
- ヴェッキオ橋 … 104
- ヴェネツィア … 105/158
- ヴェネツィア・サンタ・ルチーア駅 … 46
- ヴェルサーチ … 98
- ヴェローナ … 112/158
- ウサギ肉 … 151
- 後ろ … 28
- 腕 … 136
- 腕時計 … 93/127/155
- うなぎ … 152
- ウフィツィ美術館 … 46
- 海が見える部屋 … 50
- エアコン … 60/63/141
- 映画館 … 106/109
- 英語のメニュー … 72
- エキストラベッド … 51
- エシャロット … 150
- エスカレーター … 140
- エステ … 52
- エスプレッソ … 36/68
- エトロ … 98
- 絵葉書 … 13
- エレベーター … 16/56/140
- 宴会場 … 56
- 炎症 … 162
- 延長戦 … 121
- 鉛筆 … 96
- 円をユーロに両替 … 10
- おいしいバール(レストラン) … 67
- 横断歩道 … 159
- 往復1枚 … 111
- オーガニック … 14
- 大きい … 42
- 大通り … 159
- オードトワレ … 94
- オードブル … 73
- オープンエアの … 71
- オープンで焼いた … 147
- お菓子 … 43
- お金 … 127
- お勘定 … 8/78
- 奥の席 … 71
- 遅れている … 160
- 惜しい! … 121
- おしゃれなカフェ(レストラン) … 67
- お勧めの … 66/78
- 遅い … 27
- おつりはとっておいて … 48

- お手洗い … 12/34/37/56
- 大人1枚 … 111/115
- お腹が痛い … 132/133/162
- オフサイド … 121
- お土産 … 43/106/107
- お湯 … 64/142
- オリーブ … 145
- オリーブオイル … 146
- 折りたたみ傘 … 91
- 降りまず … 113
- オレンジ … 145
- オレンジ(色の) … 88
- オレンジジュース … 8/36/59/142
- 終わる … 17
- 音楽フェスティバル … 126

【か】
- カーテン … 60
- カート … 41/45
- 開館 … 157
- 海岸 … 126/157
- 会議室 … 52/56
- 会計 … 144
- 会社員 … 40
- 外傷 … 162
- 回数券 … 111
- 海藻サラダ … 148
- 階段 … 140
- ガイド … 125/128
- ガイド付き見学 … 108/116
- カヴァッリ … 98
- カウンター … 121
- 香り … 143
- 鏡 … 61/85
- 牡蠣 … 152
- 鍵 … 55/63/141/157
- 学生 … 40/115
- カクテル … 143
- 傘 … 91
- 火事 … 124/160
- カジキ … 87
- カゼルタ … 158
- 風邪 … 134/162
- 家族 … 125/128
- 肩 … 132/136
- かたい … 77
- 片道1枚 … 111
- 楽器店 … 153
- カツレツ … 76/151
- カプチーノ … 68/142
- カニ … 152
- 花瓶 … 156
- カフェオレ … 142
- カフスボタン … 93
- カプレーゼ … 148
- かぼちゃ … 150
- カミソリ … 61
- 紙袋に入れて … 97
- 鴨肉 … 151
- 火曜日 … 31
- 辛い … 147
- 辛口 … 143
- カラフルな … 155
- カリフラワー … 150
- カルツォーネ … 149
- カレンダー … 92
- カロリー … 144
- 革 … 87/155
- 革製の … 42/83
- 眼科 … 161
- 玩具屋 … 153
- 観光 … 39

- 観光案内所 … 106
- 看護師 … 161
- 監督 … 121
- がんばれ! … 120
- カンポ広場 … 104
- 黄 … 88
- キーホルダー … 91
- キウイフルーツ … 145
- キオスク … 153
- 気温 … 139
- 危険 … 157
- キックオフ … 121
- 切符 … 8/13/16/111
- 切符売り場 … 16
- 来てください! … 124
- 昨日 … 32/132
- ギフト用に包んで … 97
- 気分が良くない(悪い) … 37/133
- 客室係 … 53
- キャベツ … 150
- キャンセル … 54/140
- 救急車 … 125/160
- 牛肉 … 14/35/151
- 牛乳 … 142
- 救急搬衣 … 38
- 今日 … 32
- 教会 … 157/159
- 教師 … 40
- 郷土料理の店 … 66
- 居酒屋 … 139
- 去年 … 32
- 気をつけて! … 124
- 金色 … 154
- 銀色(シルバー) … 42/154
- 銀行 … 12/44
- 金曜日 … 31
- 空港 … 139
- 空港行きの … 112/113
- 空腹時に … 135
- 区画 … 159
- くし … 61/95
- 薬アレルギー … 133
- 口 … 136
- 口紅 … 94
- クッキー … 146
- 靴下 … 156
- グッチ … 98
- 靴屋 … 153
- 首 … 136
- グラス … 143
- グリーンサラダ … 59
- グリッシーニ … 148
- グリルした … 147
- 車 … 159
- 車の事故 … 131
- グレー … 88
- グレープフルーツ … 145
- クレジットカード … 127
- クレジットカードを無効に … 130/160
- クレモナ … 158
- 黒 … 42/88/154
- クローク … 16
- クローゼット … 60
- クロス … 87
- クロワッサン … 13/59/69/146
- 薫製にした … 147
- 警察 … 12/125/128/130/160
- 計算ミス … 78
- 軽食 … 144
- 携帯電話 … 92/127

164

日本語	ページ
ケーキ	146/153
外科	161
けが	131
劇場	106/109
今朝	132
消しゴム	96
化粧室	16/138
化粧品	43/83/163
血液型	133/161
月曜日	31
解熱剤	134
下痢	162
現金	44/54
現地時間	138
玄米	149
公園	106/126/157/159
航空券	127/139
高血圧	161
仔牛肉	151
香水	94
合成繊維	87
抗生物質	162
紅茶	36/59/68/142
交通事故	160
交通ストライキ	160
後半	121
公務員	40
小エビ	152
コース	70/72/73/144
コースター	156
コート	84
コーヒー	59/68/142
コーヒーラウンジ	52/141
コーラ	36/68
氷（氷なし）	142
ゴール	121
ゴール・キーパー	121
国籍	139
午後	26
ココア	68/142
ここが痛い	131
ここで写真を撮っても	117
ここで停めて	47
ここに行って	47
ここに座っても	15/117
胡椒	146
故障中	157
小銭	44/100
小銭入れ	156
骨折	162
コップ1杯の水と一緒に	135
今年	32
子供1枚	111/115
子供服	85
子ども向け機内食	35
コニャック	143
この薬	134
この住所	47
この席	34
このホテル	114
仔羊肉（ラム肉）	151
ごめんなさい	124
これが入るように撮って	118
これより大きいもの（もっと大きい）	13/89/155
これより小さいもの（もっと小さい）	13/89/155
これより長いもの	89
これより短いもの	89
コロッケ	148
コロッセオ	104
転びました	160
転ぶ	160
紺	88/154
今月	32
コンシェルジュ	53
今週	32
コンセント	60
ゴンドラでひと回りする	107
こんにちは	11
今晩	70
こんばんは	11
コンピューター技師	40

【さ】

日本語	ページ
最上階	141
再入場しても	117
財布	91/127/156
サイン	120
サインペン	91/96
サウナ	52/56/141
魚	35/152
魚料理の店	66
魚のフライ	152
詐欺	160
先程	132
先程の係の人	54
さくらんぼ	145
サケ	152
座席	37/138
撮影禁止	157
サッカー選手	121
砂糖	146
サバ	152
寒い	37
寒気がする	161
寒すぎ	64
さめている	77
さようなら	11
皿	79/156
サラダ	69/148
サラミ	148/151
触っても	117
「サン・シーロ」スタジアム	104
サングラス	91
サンタ・マリア・デル・グラツィエ協会	104
サンタ・マリア・ノヴェッラ駅	114
サンタクローチェ聖堂	113
サンダル	13/148
サンドイッチ	121
試合	121
シーツ	58/60/141
シートベルト	38
シーフード・スパゲティー	75
シーフードの盛り合わせ	75
ジーンズ	84
シエナ	158
シエンヴァ	158
シェフ	79
ジェラート	8/67
シェリー酒	143
塩	146
塩味のタルト	149
塩からい	77/147
塩漬けにした	147
栞	92
歯科	161
自家製の	144
仕事	39
時差	138
静かな席	71
下	28
舌	136
下着	156
舌平目	152
七分袖	86
試着室	85
試着してもいい？	15
指定席	119
シニア3枚	115
しま模様	155
ジム	56
閉める	17
ジャケット	84/154
写真を撮って	10/11/15/117/118
シャツ	154
シャトルバス乗り場	46
シャワー	61/140
シャワー付きの部屋	50
シャンプー	58/61/95
シュークリーム	146
集合時間	110
自由時間	110
住所を書いて	11
渋滞	48
シュート	121
出国審査	139
出発	17/138
傷害保険	160
定規	96
常備薬1枚	115
商店街	82
消毒液	134
小児科	161
常備薬	43
消防隊	160
照明器具	60
正面席	119
ショーケース	85
食後酒	74/143
食後に	135
食事代	110
食前酒	74/143
食前に	135
食中毒	162
植物園	157
食欲がない	161
食料品店	153
食器	94
女性の店員	85
食器	83
ショッピングモール	82/126
処方箋	162
書類院	127
ショルダーバッグ	90
シリアル	59
シルク	87
白	88/154
白ワイン	36/143
白ワインをカラフで	143
シングルルーム	50/140
信号	159
紳士靴	83
紳士服	83
親戚の家	40
診断書	133
審判	121
酢	146
水曜日	31
数山前	132
スーツ	84
スーツケース	42/45/90/156
スーパーマーケット	62/82/153
スープ	149
スカート	84/154
スカラ座	104
スカーフ	91
スクランブルエッグ	148
スクリーン	37
すごくおいしい	77
少し待って	11
スタジアム	121/126
スタジアムまでの行き方	108
頭痛薬	134
ズッキーニ	150
酸っぱい	147
ステーキ	76/151
ストッキング	156
スニーカー	90
スパ	52/56
スパークリングワイン	143
スパイシー	77/147
スフォルツェスコ城	113
スペイン広場	46
スペック（生ハムの一種）	151
スポーツウェア	83
すみません	18/37/163
スリッパ	156
税関	45/139
税関申告書	34/139
姓名	139
セーター	84/154
セーブ	121
セーフティーボックス	60/63
セール品	85
世界遺産を訪ねる	107
咳が出る	162
席を替える	37
石けん	58/61/95
背中	136/162
背もたれ	38
セロテープ	96
セロリ	150
専業主婦	40
前菜	73/144/148
先週	32/132
喘息	162
全体が入るように撮って	118
前半	121
洗面台	61
惣菜屋	153
ソーセージ	151
外	28
ソファー	60

【た】

日本語	ページ
タートルネック	86
ダービーマッチ	121
ターンテーブル	45/139
タイ	121
第一の皿	73/144
第二の皿	73/144
体温計	57
大学の寮	40
大丈夫	19
タオル	58/61/95
タオルジェノア	105/158
タクシー乗り場	12/46/106/159
タクシーを呼んで	11/55
タコ	152
助けて！	124
棚	85
タバコ	15/43
タバコ臭い	64
タバコ屋	12
ダブルルーム	50/140
卵城	104
卵焼き	149
タブレット	127
たまねぎ	150
タリアテッル	149
誰か	125
炭酸なしの水	142
炭酸の入った水	142
男性の店員	85
小さい	42
小さいピザ	149
チーズ	73/148
チーズ専門店	82/153
チーズのホットサンド	69

165

チーム	121	どこで解散	110
チャイルド・チェア	70	土地のもの	14
チェック	155	トッズ	98
チェックアウト	8/54/140	隣り合わせ	119
チェックイン	54/140	隣の部屋がうるさい	64
チェックインカウンター	45/139	どのくらい待ちますか	70
遅延	139	トマト	150
地下鉄の駅	12/159	トマトジュース	36
地図	55	土曜日	31
地中海でのクルーズ	107	ドライヤー	57
茶色	88/154	トラットリア	66
着陸	138	トランク	47
中央駅	46	鳥	35/151
中華料理の店	66	トリノ	112/158
中くらいの	42	トリプルルーム	50/140
昼食	141/144	ドリンクメニュー	72
注文したもの	78	ドルチェアンドガッバーナ	98
朝食	51/141/144	トルテッリーニ	149
チョコレート	146/153	トレーニングジム	52/141
ツインルーム	50	レヴィの泉	104
通路側の席	38/138	泥棒!	124
通路の横の席	119	**【な】**	
着く	17	内科	161
詰め物をした	147	ナイフ	79
強い薬	133/135	中	28
手	136	長袖	86/155
ティーポット	156	中庭	140
低血圧	161	なす	150
定刻	19	夏	26
定食	144	ナプキン	79/95
ティッシュ	95	ナポリ	105/158
定年退職者	40	生ハム	59/75/148/151
ディフェンダー	121	生ビール	68/74/143
ティラミス	76	(並木のある)大通り	159
テーブル	10/38/60	苦い	147
テーブルクロス	92	肉団子	149
出口	16/157	肉料理	73
デザート	73/144	にじます	152
手帳	92	日曜日	31
手伝って	11/47	二ツ星レストラン	66
手長エビ	76/152	二等席	111
テニスの試合	108	日本円	44
手荷物預かり所	157	日本語が話せる医者	133
デパート	82/153	日本語が話せる人	62/129
手袋	91	日本語がわかる人	125
テラスの(席)	71	日本語の音声ガイド	118
テルミニ駅		日本語のパンフレット	116
テレビ	60/63/141	日本語のメニュー	72
電球	60/64	日本酒	43
電車の駅	159	日本大使館	128/129/160
電池	95	日本の雑誌	34/138
電話	15/63/129	日本の新聞	34/138
ドアマン	53	日本へ電話	10
ドアロック	63	日本料理の店	66
ドアを開けて	113	荷物入れ	37
トイレットペーパー	58	荷物受取所	139
どういたしまして	19	荷物サービス	41
洞窟	157	荷物棚	38
当日券	119	荷物を預ける	54
搭乗口	139	荷物を置いておいてもいい?	15
搭乗券	139	荷物を持って入っても	117
どうぞ	18	入院	161
到着	138	乳液	94
盗難	160	入国審査	45/139
糖尿病	162	入場料	110/116
動物園	157	庭が見える(部屋)	50
とうもろこし	150	にんじん	150
トースト	148	妊娠中	133
ドゥオーモ広場	46	にんにく	150
トゥルッロ	108	布製の	42
通り	159	ネクタイ	91
読書灯	37/38	ネクタイピン	93
特別食	35	熱がある	133/162
特別展1枚	115	ネックレス	93
値札をとって	97	ヒーター	60
寝る前に	135	ビール	36/143
捻挫	162	飛行時間	138
ノースリーブ	86/155	ピサ	105/112/158
ノート	96	ピサの斜塔	108
喉	136/161	ピザ	69/148/149
蚤の市	153	ピザ専門店	66
飲み物	73	ビジネスセンター	52
乗り換え	112	美術館	106/108/157
乗り継ぎ	45/139	非常口	34/56/138
乗り物の酔い止め	134	左	28
【は】		ピッチ	121
歯	132/136	ビデオに撮っても	117
バー	52/56/141	ひと月	39
ハードケース	42	ビニール袋	95
ハーブ	150	日焼け止めクリーム	94
ハーブティー	68/142	病院	106/128/160
はい	19	美容室	56
はい、その通りです	19	昼	26
灰皿	144	ヒルトンホテル	40
歯医者	161	広場	157/159
入っても	15/117	ピンク	88
ハイネック	86/155	便せん	58/96
ハイヒール	90	便の変更	139
パイナップル	145	便座	139
パウダー	94	ファストフード店	67
吐き気	133/161	ファイル	121
白米	149	ファックスを送る	54
箱に入れて	97	ファンデーション	94
はさみ	96	フィウミチーノ空港	114
橋	159	フィレンツェ	105/158
始まる	17	フィレンツェ風Tボーンステーキ	76
パジャマ	154	ブーツ	90
バジル	150	封筒	58/96
バス	121	プール	52/56/141
パスタ	35/149	フェイクファー	87
バスタブ	61/140	フェニーチ劇場	114
バス停	12/159	フェラガモ	98
バスの切符	13	フェンディ	98
バス乗り場	46	フォカッチャ	69/148
パスポート	45/127/139	フォーク	79
バスルーム	140	フォワード	121
パセリ	150	副作用	135
パソコン	127	婦人科	161
パス	59/146	婦人靴	83
ハチノス(牛の第二胃)	151	婦人服売り場	83
バッグ	83/90/127/156	豚肉	35/151
鼻	136	フットレスト	38
花柄	155	ぶどう	145
バナナ	145	船	159
鼻水が出る	162	冬	26
花屋	153	フライドポテト	148
バニー	8/67/148	ブラインド	38
歯ブラシ	61/95	ブラウス	84
歯磨き粉	95	プラダ	98
ハム	151	フラッシュ禁止	157
早い	27	フラッシュを使っても	117
流行って	14	プラム(すもも)	145
腹	136	フランス料理の店	66
春	26	ブランデー	143
バルサミコ酢	146	ブランド店	82
パルマ風	149	プリン(プディング)	146
パン	35/78	フリット(フライ)の盛り合わせ	75
ハンガー	85	ブルーベリー	145
ハンカチ	91	ブルガリ	98
半時間	27	フルコース	144
半袖	86/155	ブルスケッタ	75/148
パンツ	84	プルン	154
パンナコッタ	76/146	フルラ	98
ハンバーガー	148	ブレスレット	93
パン屋	67/153	ブレビシート広場	113
ピアス	93	ブローチ	93
ピアディーナ	69/148	プロセッコ	36/74/143
		ブロッコリー	150

166

フロント	53/140
文具店	153
紛失	160
紛失手荷物の窓口	41
紛失物の届け出	130
噴水	159
ヘアドライヤー	61
閉館	157
ベーコン	151
ベージュ	88
ベジタリアンの店	66
ベッド	60/141
ヘッドフォン	37
別々に支払い	78
別々に包んで	97
ベリーニ	74
ベネトン	98
部屋に付けて	11/55
部屋を替える	54
ペルージャ	105/108
ベルト	91
ベルボーイ	53
便器	61
ペンダント	93
帽子	91
宝飾店	153
ほうれん草	150
ポーチドエッグ	59
ホーム	112
ボール	121
ボールペン	96
保険	100/131/160
ポシェット	156
保湿クリーム	94
ポストカード	96
発作	162
ボッテガヴェネタ	98
ホットココア	68
ボディーソープ	61
ホテル	17/128/140
ホテルまで迎えに来て	110
歩道	159
ボトル	143
骨付き肉	151
ポリエステル	87
ポルチーニ茸のタリアテッレ	75
ポレンタ	149
ボローニャ	158
本革	14
本日の料理	73/144
ボンド	44
ポンペイ	158
ポンペローネ	69
本物の毛皮	87
本屋	82/153
【ま】	
前	28
マグカップ	92
枕	34/37/60/141
マグロ	152
マスタード	146
待ち合わせ	17
マチェドニア	69/76
町が見える部屋	50
町の地図	9/13
マックスマーラ	98
マッサージルーム	52
マッシュポテト	149
窓側の席	38/138
窓に近い席	71
マニキュア	94
マフラー	91
マヨネーズ	146
マリネした	147
丸首	86
マンゴー	145
マンダリンオレンジ	145
万年筆	96
ミートソースのニョッキ	75
右	28
水	9/142
水色	154
水着	84
水玉模様	155
道で	126
道を教えて	11
ミックスフライ	76
ミッドフィルダー	118
三ツ星の店	66
見てもいい？	15
緑	154
ミニバー	60/63/141
ミニピザ	66
ミネストローネ	149
ミネラルウォーター	36/74
ミネラルウォーター 炭酸入り	74
身の回りのもの	43
耳	136
土産物屋	153
ミモザ	74
ミラノ	105/158
ミラノの大聖堂	109
ミラノ風カツレツ	76
ミラノ風リゾット	75
ミルク	59
ミルクティー	142
ムール貝	152
無地	155
蒸した	147
虫よけ	134
紫	154
無料	116
目	132/136
メイク落とし	94
名刺	55
メインディッシュ	73/144
メガネ	156
目薬	162
目覚まし時計	60/63
目玉焼き	59
メトロで	126
メニュー	9/70/79/144
めまい	133/161
メモ帳	96
綿	87/155
免税店	82
もう1泊する	54
もう1枚お願い	118
もう一杯	36
もうひとつ袋を	97
毛布	34/37/58/60/138/141
目的地	31
木曜日	31
持ち込み禁止品	139
もっと大きいサイズ	13
もっと小さいサイズ	13
もっとゆっくり	11
最寄りの	112
盛り合わせ	148
モンテナポレオーネ通り	104/107
【や】	
焼き魚	152
野菜	150
野菜のスフォルマート	149
安い	50/99
やった―！	120
やめてください！	124
遊園地	157
夕方	26
夕食	141/144
友人に会う	39
友人の家	40
郵便局	12
有料	116
有料チャンネル	60
ユーロ	23/44
床	61
ゆで卵	59
指	136
指輪	93
湯沸かしポット	57
ヨーグルト	59/146
浴室	61
汚れて	64
予定より早く発つ	54/62/70/140
予約	54/62/70/140
予約の取り消し	10
より細い	155
よりゆったりした	155
夜	26
【ら】	
来週	32
来年	32
ラヴェンナ	105/158
ラザニア	75/149
ラズベリー	145
ランチョンマット	156
リアル橋	104
リゾット	75/149
リボンをかけて	97
リモコン	37
リモンチェッロ	74
留学	39
リュック	90
量	78
両替所	44/45/52
料金	141
領収書	9/44/55/100
料理教室に参加する	39
緑茶	36/142
旅行会社	128/160
離陸	138
りんご	145
リンゴジュース	68
リンス	58/61/95
レインコート	154
レーズン	145
レーヨン	87
歴史的建造物	106
レジ(キャッシャー)	53/85
レストラン	52/56/114/126
レセプション	53
レタス	150
レッドカード	121
レモネード	68
レモン	145
レモンシャーベット	76
レモンティー	68/142
レンタカーのカウンター	46
ローストした	147
ロービール	110
ローマ	105/158
ローマ風サルティンボッカ	76
ロゼワイン	74/143
ロッカー	116
ロビー	53/56/140
路面電車	159
【わ】	
ワイシャツ	84
ワイン	37/43/143
ワインカーヴを訪ねる	107
ワイングラス	79/156
ワイン専門店	82
ワインバー	67
ワインメニュー	9/72
わかりません	18
和食	35
私の座席	16
ワンピース	84
【数字・アルファベット】	
1月1日	29
1月2日	29
～切れ	144
10日間	39
10年後	32
10年前	32
10ユーロ札	44
1カートン	43
1階	141
1個	27
1時間半	27
1週間	27/39
1日	27
1日3回飲んで	135
1年	27
1分	27
2016年	29
2階	141
2か月	39
2週間	39
2泊したい	62
2名です	70
3階	141
3日間	39
4人乗れますか	48
4分の1時間	27
50%オフの特売	85
50万円	43
8時	8
AZ785 便のターンテーブル	41
iPad	127
Lサイズ	89/155
Mサイズ	89/155
Sサイズ	14/89/155
Tシャツ	84/154
Vネックの服	86

167

●監修者紹介

日伊学院 ISTITUTO ITALO-GIAPPONESE
１９８４年創立。東京本校のほか、つくば教室、名古屋日伊学院（姉妹校）、大阪日伊学院（姉妹校）、神戸教室がある。使えるイタリア語、話せるイタリア語の習得を目的に、会話・文法・講読・検定・翻訳など、さまざまな内容とレベルのイタリア語を、経験・個性豊かな講師陣により提供。

●著者紹介

キアラ・カタヌート　Chiara Catanuto
シチリア州カターニャ生まれ。2005年にミラノへ移り、ミラノ大学の政治学部・言語媒介学科にて日本語を専攻する。同大学卒業後、2009年に来日。拠点を東京に移し、渋谷外語学院でさらに日本語を学ぶ。現在、日伊学院およびダンテ・アリギエーリ協会で（2011年より）イタリア語講師として活躍中。

井内梨絵　Inouchi Rie
日伊学院にてイタリア語を学び、渡伊。2002年に国立ペルージャ外国人大学のイタリア語・イタリア文化コース最上級レベルを修了。2006年にイタリア語テキスト『QUI ITALIA』の日本版文法解説書（LeMonnier社）の著作に携わる。2003年より同大学の学位取得コースで、日本語講師として勤務。

カバーデザイン	滝デザイン事務所
カバーイラスト	福田哲史
本文デザイン／DTP	秀文社
本文イラスト	田中斉
本文写真提供	イタリア政府観光局／Pro Loco Realmonte／You and Florence／Miki-Traveller／渡辺満
音声録音・編集	一般財団法人　英語教育協議会（ELEC）
CD制作	高速録音株式会社

単語でカンタン！旅行イタリア語会話

平成28年（2016年）5月10日　初版第１刷発行

監　修	日伊学院
著　者	キアラ・カタヌート／井内梨絵
発行人	福田富与
発行所	有限会社　Ｊリサーチ出版
	〒166-0002　東京都杉並区高円寺北2-29-14-705
	電話　03(6808)8801(代)　FAX 03(5364)5310
	編集部　03(6808)8806
	http://www.jresearch.co.jp
印刷所	株式会社　シナノ パブリッシング プレス

ISBN978-4-86392-278-5　禁無断転載。なお、乱丁・落丁はお取り替えいたします。
© 2016 Chiara Catanuto, Rie Inouchi, All rights reserved.